P. Matthaeus Lerch

Das Dasein Gottes

P. Matthaeus Lerch

Das Dasein Gottes

ISBN/EAN: 9783743354128

Hergestellt in Europa, USA, Kanada, Australien, Japan

Cover: Foto ©Lupo / pixelio.de

Manufactured and distributed by brebook publishing software (www.brebook.com)

P. Matthaeus Lerch

Das Dasein Gottes

PROGRAMM

des

k. k. Ober-Gymnasiums

zu

veröffentlicht

am Schlusse des Schuljahres

INHALT:

Das Dasein Gottes.
Von P. Matthaeus Lerch.

Die Lobkowitzischen und die neuen komotauer Studentenstiftungen.

Schul-Nachrichten.
Vom Direktor.

B r ü x.
Druck von F. v. Schönfelds Witwe & Comp.

Das Dasein Gottes,

Gegenstand des Wissens und Glaubens zugleich.

Über das Verhältniss der religiösen Erkenntnisse zur menschlichen Vernunft hat man sich fast zu keiner Zeit von zwei mehr weniger extrem ausgebildeten irrthümlichen Ansichten zu bewahren gewusst, von denen die eine der menschlichen Vernunft zu viel, die andere zu wenig beimass. Jene verstieg sich so weit, dass sie behauptete, alle religiösen Wahrheiten könne die Vernunft erkennen und begreifen; und was vor dem Forum derselben die Probe nicht aushalte, müsse als der menschlichen Natur unangemessen und mit ihr im Widerspruche stehend verworfen werden. Diese kannte keine Grenzen im Misstrauen gegen die durch die Sünde geschwächte Vernunft, und verurtheilte sie zur blossen Schülerin der göttlichen Offenbarung und der allgemeinen Überlieferung der Menschheit, von der sie allein nur Aufschluss und Gewissheit in allen religiösen Fragen empfangen könne, ohne auf Einsicht und Verständniss für ihren blinden Glauben je Hoffnung zu haben. Jene ist der bekannte, Alles verflachende Rationalismus, diese der den Menschengeist entwürdigende Traditionalismus. —

Wenn auch zu Zeiten diese Gegensätze weniger schroff hervortraten, oder gleichzeitig Stimmen dagegen laut wurden, die dem Rationalismus die Nothwendigkeit einer sich offenbarenden göttlichen Vernunft unwiderleglich zeigten und dem Traditionalismus gegenüber die menschliche Vernunft in ihre angestammten Rechte wieder einsetzten, so vermochten doch eben diese selten sich ganz frei von jeglicher Einseitigkeit und erhaben über dieselbe zu erhalten. Man hob entweder das Prinzip und die Nothwendigkeit des Glaubens zu viel hervor oder vindicirte der Vernunft Gerechtsamen und Gebiete, die ihr nicht oder nicht völlig zukommen.

Um da allseitig zu genügen und volles Licht in die Sache zu bringen, müsste man zuerst im Allgemeinen das Verhältniss der Vernunft zur Offenbarung, der Philosophie zur Theologie, des Wissens zum Glauben feststellen, dann die religiösen Wahrheiten anführen, die der Mensch durch seine Vernunft schon zu erkennen im Stande ist, und endlich erforschen und nachweisen, dass und in wie weit sie von der Vernunft erkennbar seien, und ob etwas und wie viel die übernatürliche Offenbarung zu ihrer Vervollkommnung beitragen musste, dass des Menschen religiöses Bedürfniss befriedigt werde.

Es kann nicht der Zweck dieser Abhandlung sein, diese umfangreiche Arbeit zu leisten; nur ein Punkt aus diesem reichen Materiale soll hier eine eingehendere Besprechung erfahren, nämlich: das Dasein Gottes, insbesondere das Verhältniss dieser religiösen Wahrheit zur menschlichen Vernunft und übernatürlichen Offenbarung.

Um diese Fundamentalwahrheit aller andern religiösen Wahrheiten, um diese Voraussetzung aller Offenbarung überhaupt, dreht sich vorzüglich der Streit, ob sie Gegenstand des Wissens oder des Glaubens sei. Dafür und dawider stehen Auctoritäten aller Zeiten ein, die aus der Vernunft und der heiligen Schrift nicht zu verwerfende Gründe beigebracht haben. Mittel- und Ausgangs-Wege der verschiedensten Art wurden entweder bescheiden vorgeschlagen oder kühn behauptet. Allein zur zweifellosen, allseitig beleuchteten Aufklärung, der jeder beizupflichten sich genöthigt fühlte, scheint man bis jetzt noch nicht gekommen zu sein. Und doch würde jeder weitere Schritt eben hierin ein helles Licht auf alle andern religiösen Vernunftswahrheiten werfen; und diesen zu thun, soll hier nur versucht werden.

Die gewöhnliche Ansicht hierüber ist wohl die des heiligen Thomas von Aquin, der Gottes Dasein eine „dem Glauben vorangehende Lehre" (praeambula fidei) nennt. Er schreibt:[1]) Dass es einen Gott gibt, und Anderes dergleichen, das durch die natürliche Vernunft von Gott bekannt sein kann, wie es im Römerbriefe c. I. heisst, sind keine Glaubensartikel, sondern den Glaubensartikeln vorangehende Lehren. Der Glaube nämlich setzt auf dieselbe Weise die natürliche Erkenntniss voraus, wie die Gnade die Natur, und die Vollkommenheit das Vervollkommnungsfähige. Doch hindert nichts, dass das, was an sich erweisbar und Gegenstand des Wissens ist, von Jemandem, der den Beweis nicht fasst, geglaubt werde. — Nach dem heiligen Thomas ist somit das Dasein Gottes Gegenstand des Wissens und nicht des Glaubens. Und wenn es von Andern und Vielen, die es zum Wissen dieses Gegenstandes nicht bringen können, geglaubt wird, ja geglaubt werden muss, so ist dieser Glaube dann kein Glaube auf die Auctorität des sich offenbarenden Gottes hin, kein göttlicher Glaube, sondern ein Glaube, der sich zuletzt auf die Auctorität der Menschen stützt, die es wissen, ein menschlicher Glaube.

---

[1]) Summa Theol. q. 2, a. 2.

Dieser durch ihr Alterthum und ihre gelehrten Vertreter ehrwürdigen und sehr allgemeinen Ansicht unter den Theologen kann aber die andere: das Dasein Gottes sei Gegenstand der Offenbarung und des Glaubens, mit gleicher Berechtigung gegenüber oder besser an die Seite gestellt werden, denn sie ist nicht weniger begründet und wurde auch von berühmten Theologen der Neuzeit schon verfochten.

Die vermittelnde Ansicht lautete demnach dahin, dass das Dasein Gottes nicht bloss eine natürliche Vernunfterkenntniss, sondern auch eine Offenbarungslehre, nicht bloss Gegenstand des Wissens, sondern auch Gegenstand des Glaubens sei, ja dass sie von einem und demselben Subjecte zugleich gewusst und geglaubt werden könne. Diese Behauptung erhält somit die drei Punkte:

I. Das Dasein Gottes ist ein Gegenstand des Wissens;
II. Das Dasein Gottes ist auch ein Gegenstand des Glaubens;
III. Das Dasein Gottes kann Gegenstand des Wissens und Glaubens in einem und demselben Subjecte sein.

Jeder dieser drei Punkte erheischt eine besondere Beleuchtung und Begründung. Wir schreiten sofort zum ersten.

Das Dasein Gottes kann aus der Vernunft erkannt und bewiesen werden, ist ein Satz, den, weil er vielfacher Deutung unterliegt, jedweder in seinem, sich zurecht gelegten Sinne gerne zugibt, mag er Anhänger dieses oder jenes oder gar keines Systems der Philosophie sein, denn „Vernunft, Erkennen, Beweisen" lassen sich in mannigfachem Sinne deuten und deuteln, so dass dieser Satz eine wahre Proteusnatur erhält. Aber weder die Theologie noch die Philosophie, noch die Wissenschaft überhaupt können eine solche widersprechende Buntheit, eine solche Halbheit, ein solches Fischen im Trüben dulden. Wenn es darum heisst: Gottes Dasein könne aus der Vernunft erkannt und bewiesen werden, so ist hier unter Vernunft die höhere Erkenntnisskraft des Menschen gemeint, vorausgesetzt, dass sie die nothwendige Reife und Bildung erlangt hat; mögen die Philosophen und Psychologen über die genauere Bestimmung derselben immerhin in ewigem Streite liegen; — unter Erkennen aber ist ein wahres und sicheres Erkennen, dem etwas Wirkliches entspricht und unter Beweisen ein richtiges und giltiges Beweisen, das jedes Schwanken der Meinung und des Zweifels ausschliesst, zu verstehen.

Im Lager der Gegner wird man sogleich schreien: Nun welches sind denn diese Beweise, diese unumstösslichen gewissen Argumente? Seit Jahrhunderten wurden sie gesucht, unzählige wurden aufgestellt, aber alle erwiesen sich vor dem Auge philosophischer Kritik als unhaltbar; und wer wird es, seit Kant aufgestanden und die alten Schulbeweise für Gottes Dasein über den Haufen geworfen hat, noch wagen dürfen, mit den Leichen dieser erschlagenen Eisenritter, den verrosteten Schulbeweisen aus der alten Rüstkammer der Scholastik, auf der Arena des wissenschaftlichen Kampfes zu erscheinen? Welches diese Beweise sind und wie dieselben geführt werden, dieses anzugeben und zu thun ist keine unmittelbare Forderung der aufgestellten Behauptung an uns. Auch kommt es uns nicht bei, diese oder jene Beweise als die einzig richtigen bezeichnen zu wollen, obwohl wir damit nicht alle bisher geführten als schwach und unzulänglich preiss geben. Wir bleiben bei unserer Behauptung einfach stehen und wollen nicht mehr und nicht weniger gesagt haben, als eben gesagt ist und zu nichts Anderm uns verpflichtet halten, als sie zu beweisen.

Wir leiten dieselbe aber zuerst **aus der Natur** und sodann **aus der Bestimmung des Menschen** her.

Der Mensch hat Vernunft, d. i. ein höheres Erkenntnissvermögen, das, so geschwächt durch die Sünde man es immer halten mag, doch des Erkennens, des gewissen Erkennens, fähig ist, ja fähig sein muss, sonst müssten wir auf alle Möglichkeit verzichten, etwas zu erkennen und uns darüber zu verständigen. Es wird sich nur fragen, was die Vernunft mit Gewissheit erkennen kann, und welches die Kriterien der als wahr ausgegebenen Erkenntnisse sind. Denn da die Gedanken des Menschen unsicher und furchtsam sind, wie schon die Schrift sagt, so darf man seinen Erkenntnissen nie zu sehr trauen und muss den Irrthum stets hinter der vermeintlichen Wahrheit muthmassen.

Wenn man aber alle Vorsicht und alle Massregeln aufgeboten hat, den Irrthum zu vermeiden; wenn man bemüht gewesen ist, alle Quellen des Irrthums zu beseitigen; wenn man wiederholt und eingehend mit demselben Gegenstande sich beschäftigt hat und wenn derselbe unserer Anschauung und unserm Denken immer und immer wieder als unabweislich und nothwendig sich aufgedrungen hat; ja wenn das Denken mit sich selbst in ewigen Widerspruch sich verwickeln würde, wollte es die Existenz und die Eigenschaften jenes Gegenstandes nicht anerkennen; so wird man nicht umhin können, die Erkenntniss eines solchen Gegenstandes für wahr und gewiss zu halten, ohne Furcht, sich geirrt zu haben. Was sich fast unausgesetzt bei Allen durch die Sinne wahrnehmbar, in seinen Wirkungen fühlbar, durch seinen nachhaltigen Einfluss bei jedem Schritte der Zeit bemerkbar macht, kann kein Phantom getäuschter Sinne, kein blosses Gebilde der Phantasie, kein Machwerk schwärmerischer Köpfe sein; das ist Erkenntniss, das ist Wahrheit; da ist Gewissheit, da ist Nothwendigkeit. Müssten wir doch sonst Alles und uns selbst aufgeben.

Wie verhält es sich nun mit Gott, insbesondere mit der Erkenntniss vom Dasein Gottes?

Unter Gott, wenn man nur den Namen hört, denkt man sich ein höchstes, vollkommenstes Wesen, das von der Welt verschieden, aber letzter Grund dieser Welt ist. Diess ist die gewöhnliche Erklärung des Gottesbegriffes, wenn sich ja Gott in die Grenzen einer Definition einschliessen lässt. — Ist aber Gott das höchste und vollkommenste Wesen und letzter Grund, d. i. Schöpfer dieser Welt und muss er darum auch Erhalter und Regierer derselben sein, mit ihr in steter Verbindung stehend, wesenhaft allgegenwärtig und überall wirkend gedacht werden, so sieht man wahrlich nicht ein, wie er dem Menschen, einem denkenden Wesen, verborgen bleiben kann. — Die Gegenstände der Natur, die Geschöpfe Gottes, die in sie hineingelegten Kräfte und Gesetze sollten mit voller Gewissheit bezüglich ihres Daseins und Wesens erfasst werden können, und der allgegenwärtige Gott, das höchste Wesen, die in allen Dingen noch schaffende Allmacht, die in allen Erscheinungen so zu sagen erste wirkende Grundkraft sollte sich unserm geistigen Auge ganz entziehen? Wenn allen andern Dingen die Kraft innewohnt, sich unserm Geiste anzukündigen, so hat gewiss in einem viel höheren Grade die Gottheit diese Kraft, dass sie der vernünftigen und die Vernunft gebrauchenden Kreatur nicht durchaus und gänzlich verborgen bleiben kann. Oder wie einer der grössten Denker aller Zeiten sagt: [1] „Gott ist überall geheim und überall offenbar; Niemand kann ihn, wie er ist, erkennen, noch lässt er zu, dass er von Jemanden nicht gewusst werde."

Zu demselben Schlusse berechtigt und nöthigt uns die Bestimmung des Menschen.

Jedes Wesen hat seine Bestimmung. Für sie ist es da, und in ihrer Erreichung besteht seine Vollkommenheit. Schon in der Natur eines jeden Wesens liegt sie ausgesprochen und diese erkannt zu haben, heisst auch schon, die Bestimmung desselben erkannt zu haben. — Alle Bewegung, Thätigkeit und Kraftäusserung jeglichen Wesens steht in engster Verbindung mit seiner Bestimmung, erhält ihre Erklärung und ihr Verständniss aus der Zweckbeziehung und hört sogleich auf, wenn die Bestimmung erreicht oder unmöglich gemacht ist. —

Auch der Mensch hat seine Bestimmung. Wer wollte ihn dieses Glückes und Vorzuges berauben? Aber im Streben nach seinem Ziele unterscheidet er sich wesentlich von den übrigen Geschöpfen. Er ist mit Bewusstsein, diese ohne Bewusstsein thätig. Während diese instinktmässig wie von unsichtbarer Hand geleitete Maschinen ohne Stillstand

---

[1] Augustinus in Psalm. l. IV. n. 9.

und vollkommen das leisten und erreichen, wozu sie da sind, kann der Mensch für die Erlangung seines Zieles nur thätig sein, wenn er es kennt. Es nicht kennen, heisst so viel, als es nicht erreichen können. Für ihn gilt in vollem Sinne: Nach Unbekannten gibt es kein Verlangen. (Ignoti nulla cupido.) Der Mensch muss demnach seine Bestimmung kennen, wenn das Streben nach ihr für ihn eine Möglichkeit sein soll. Und diese Kenntniss darf keine schwierige sein, sonst wäre er den übrigen Geschöpfen gegenüber sehr stiefmütterlich behandelt. Wie Wenigen würde dann dieselbe zu Theil werden, da zur Erwerbung schwieriger Kenntnisse gar Vielen die Zeit, nicht Wenigen die Lust, und Andern die Anlage mangelt.

Welches ist nun die Bestimmung des Menschen? Wir bemerkten schon, dass dieselbe der Natur eines jeden Wesens eingeschrieben ist; oder vielmehr die Natur selbst ist diese unverwüstliche, leicht leserliche Schrift, die uns die Bestimmung eines Wesens enthüllt. Wie ist nun der Mensch beschaffen? Welches sind die Grundzüge seines Wesens? Was den Menschen zum Menschen macht, ist der in ihm lebende, schaffende Geist. Derselbe aber hat ein Erkenntnissvermögen für die Wahrheit, einen freien Willen, ganz geeignet zur Sittlichkeit, ein Gefühlsvermögen zum Genusse der Seligkeit. Demnach sind Wahrheit, Sittlichkeit und Seligkeit, oder um deren wechselseitiges Verhältniss zugleich hervorzuheben, auf Wahrheit gegründete Sittlichkeit, die des Lohnes der Seligkeit würdig ist, des Menschen erhabene Bestimmung.

Aber wo findet der Mensch die volle ungetrübte Wahrheit, dass sie ihn erleuchte; wo das höchste sittliche Gut, nach dem er sich als nach einer unfehlbaren Regel in seinem sittlichen Streben richte, und durch dessen Theilnahme er sittlich gut werde; wo eine vollkommene Seligkeit, um im Genusse derselben für sein sittliches Ringen sich vollständig belohnt zu fühlen? — Gewiss nirgends als in Gott, denn Gott ist die Wahrheit und die Quelle aller Wahrheit; er ist das höchste sittliche Gut, die unendliche Heiligkeit; er birgt in sich eine unendliche Seligkeit. Gott ist also das Ziel des Menschen; auf Gott hin soll all sein Thun und Lassen gerichtet sein. — Selbst in der natürlichen Ordnung der Dinge ist des Menschen letztes Ziel Gott, selbst dann, wenn der Mensch nicht vermöge der unendlichen Güte Gottes in eine übernatürliche Ordnung des Heiles erhoben worden wäre.

Ist aber das Ziel des Menschen Gott, so muss er ihn mit Bestimmtheit und Leichtigkeit zu erkennen im Stande sein, sobald er bewusst und frei zu ihm hinstreben kann. Man müsste sonst behaupten, der Mensch habe wohl eine Bestimmung erhalten und müsse eine haben, aber es sei ihm fast oder ganz unmöglich, sie zu erreichen, weil er nur schwer oder gar nicht sie zu erfassen vermöge, ausser er genösse eine Belehrung von Aussen und zuletzt von Gott selbst darüber, was im Zustande der reinen Natur (in statu naturae purae) nicht statt gefunden hätte. Folgende Betrachtung wird dieses noch mehr aufhellen.

Es gibt überhaupt zwei Wahrheiten, die von jedem des Vernunftgebrauches fähigen Menschen von und durch sich selbst sicher und leicht erkannt werden müssen, wenn er in seinem Denken und Handeln, insbesondere in seinem religiösen Denken und Handeln, sich zurecht finden und Religion überhaupt für ihn eine Möglichkeit sein soll. Diese sind: Es gibt einen Gott und dieser ist höchst wahrhaft.

Die Existenz Gottes insbesondere ist keine solche Wahrheit, wie etwa eine physikalische, mathematische oder astronomische, die, wenn sie auch von dem grössten Theile der Menschheit nicht gewusst werden, darum weiter keine Störung oder Hemmung im Gedankenlaufe und Handeln der Einzelnen hervorrufen.

Man nehme aber die Wahrheit von Gottes Dasein den Meisten hinweg, oder gebe sie für so schwer erkennbar aus, dass sie wie andere schwierige Wahrheiten nur von Wenigen mühevoll erfasst und leicht wieder vergessen wird, was dann? — Der Einzelne mag es mit Bewusstsein fühlen oder nicht, die Gottesidee bleibt doch stets der tiefste Kern seines höhern Bewusstseins, mit seinem Ich am innigsten verwachsen, im bunten Gemisch der Vorstellungen, im dunklen Gewoge der Gefühle, im regellosen Gewühle der Begierden, den das nie erlöschende Licht, das aus der Nacht der Irrthümer und Vorurtheile der Wahrheit wieder zuführt; der unerschütterliche Fels, der in den Tagen niederschlagenden Kummers, wie überwallender Freude für alle eine Schutz gewährende Burg ist; der ewig leuchtende Stern, der den rechten Weg zum wahren Ziele immer wieder weist, wenn man ihn auch nicht oder noch nicht gehen mag.

Besitzt der Mensch die Gottesidee nicht, dann gibt es für ihn kein Prinzip, keine Macht, keine Regel, kurz keine Möglichkeit mehr, wodurch er aus dem Wirrsal zuwiderlaufender Meinungen herausgeführt, der Sturm in ihm beschworen und die eingerissene Unordnung beschwichtigt werden könnte.

Dass es stets Menschen gegeben, die von Gott nichts wussten, denselben läugneten oder so lebten, als gebe es keinen Gott, macht unsere Behauptung nicht zu einer übertriebenen. Sie betrifft nur jene, denen es um die Wahrheit ernst ist, die ein wahres sittliches Streben besitzen und den Frieden finden wollen. — Auch muss es nicht immer die wahre Gottesidee sein, die man aufgreift, um Licht, Frieden und Tugend zu erhalten. Aber ohne Gottesidee ringt nach allem diesen der Mensch vergebens. Daher war und ist noch der Drang, das innere

Geistesleben, die Vorstellungen, Gefühle und Strebungen, um einen höhern Einheits-, Stütz- und Ziel-Punkt, als die hohle Form des Selbstbewusstseins, des Ichs ist, zu sammeln, bei allen Menschen der psychologische Grund, ein Höheres zu suchen und anzunehmen, das man Gott nannte und noch nennt; das war und ist der Grund, wesshalb man unwillkürlich und leicht, weil von seiner nach Einheit ringenden geistigen Natur geleitet, zur Gewissheit gelangte: es gibt einen Gott; das war und ist derselbe Grund, dass der Glaube an Einen Gott so allgemein war und bleibt und unter den Bekennern des verkommensten Heidenthums selbst in ihren Reden und Handlungen unabweislich sich hervordrängte und Geltung verschaffte. Das ist, wenn man es recht verstehen will, die angeborne Gottesidee, zufolge welcher der Mensch, zum Gebrauche seiner Vernunft gelangt, auch weiss, dass es einen Gott gibt.

Ja die Entwickelung der Vernunft selbst ist nichts anderes, als die erlangte Gotteserkenntniss, verbunden mit der Unterscheidung des Guten und Bösen. Denn hat der Mensch diese Wahrheiten noch nicht erfasst, mag er verständig, gebildet, gelehrt, klug, gewandt und zu Allem brauchbar heissen, das Praedikat „vernünftig" geht ihm ab. Und da die Vernunft zuletzt den Menschen zum Menschen macht, so wird er nach der ganz weisen Einrichtung der Natur, oder vielmehr des Schöpfers der Natur, stets eher vernünftig, als dem Verstande nach vollständig ausgebildet oder gar gelehrt, ja letzteres oft nie und ersteres doch oft trotzdem sehr vollkommen; dieses entweder nur ganz oder gar nicht, jenes immer nur halb oder doch einseitig. Das Kind, den unmündigen Wilden, den gemeinen Mann, die nach der Stimme ihres Gewissens ihr Denken und Handeln einrichten, muss jedermann vernünftig nennen, mag einer aus ihnen je ein tüchtiger Geschäftsmann oder Gelehrter, ein unvergleichlicher Linguist oder Mathematiker werden oder nicht. Wo aber der Unterschied zwischen Gut und Böse mit Klarheit vollzogen wird, kann die Gottesidee nicht fehlen. Denn nur auf ein höheres Wesen, auf Gott bezogen, ist zuletzt etwas gut, weil er es will, und etwas böse, weil er es nicht will. Das ist die gemeine und richtige Ansicht. Die Begriffe des Guten und Bösen ohne Rücksicht auf Gott sind leere Ausgeburten der Schule, im Leben ganz unbrauchbar und der gewöhnlichen Vernunft auch unbekannt.

Aber nehmen wir den Menschen ganz, wie er ist, in seiner allseitigen Abhängigkeit und Hilfsbedürftigkeit, in seiner Fähigkeit und natürlichen Neigung, einem Höhern im Glauben, Vertrauen, Gehorsam und mit Liebe sich völlig hinzugeben: und wir werden gestehen müssen, dass Religion ein in seiner Natur begründetes Bedürfniss, dass sie eine Nothwendigkeit für ihn ist, mag sie unter welcher Form immer bei

Individuen und Völkern sich darstellen, mögen einige noch so indifferent thun gegen alle Religion, mögen selbst viele bar aller Religion und feindselig gegen jede Religion sein und leben. Denn dass Manche diess sind, beweist eben, dass es eine Religion und zwar eine wahre Religion gibt; und das Unnatürliche ihrer Indifferenz und ihres Hasses bekräftigt nur, dass das Naturgemässe auch in ihnen wäre, Religion zu haben.

Aber was ist Religion ohne Gott? Oder kann Religion ohne Gott nur gedacht werden? Religion ist das Verhältniss des Menschen zu Gott. Wenn aber ein Glied dieses Verhältnisses fehlt, ist das Verhältniss unmöglich; und wenn es nicht erkannt wird, mag es an sich bestehen, für den Menschen ist es nicht vorhanden; und wenn diese Erkenntniss auf grosse Schwierigkeiten stösst, wird dieses Verhältniss nur schwer oder gar nicht zur Erscheinung gelangen. Wann und wo also Gott, das wichtigste Glied dieses Verhältnisses, nicht erkannt wird, gibt es keine Religion, keinen Gedanken, keinen Begriff von Religion. Und vorausgesetzt, die natürliche Gotteserkenntniss sei den Menschen sehr erschwert, so würde selbst die Offenbarung, die übernatürliche Wirksamkeit Gottes zur Weckung und Vollendung der Religion, nur wenig erzielen.

Eine wie immer beschaffene Kenntniss Gottes muss sowohl vor, als auch nach der Offenbarung in allen Menschen für immer vorhanden sein, dass die religiöse Anlage in ihnen geweckt und zu vollkommener Ausbildung gebracht werden könne. Aber allgemeine Unwissenheit bezüglich einer sehr schwierigen Erkenntniss auf die Dauer zu beseitigen, ist für Menschen ein fruchtloses Wagniss; und wenn man auch in dieser Hinsicht von Gott sagen muss, dass ihm nichts schwer und Alles leicht ist, so kann jenes insbesondere nur in so fern der Fall sein, als er allen Menschen die natürliche oder übernatürliche Fähigkeit verleiht, eine an sich schwierige Wahrheit leicht zu erfassen. Man wird darum zugestehen müssen, dass, da der Mensch von Gott für die Religion geschaffen und die natürliche Gotteserkenntniss allen Menschen zur Entwickelung und Ausbildung ihrer religiösen Anlage selbst bei der übernatürlichen Wirksamkeit der erziehenden Offenbarung unerlässlich nothwendig ist und bleibt, dieselbe ihnen durch die natürliche Erkenntnisskraft leicht und, wie die Religion, so zu sagen, angeboren sein muss.

Gottes Dasein kann somit durch die Vernunft allein erkannt werden, wenn es auch nicht schon eine für uns evidente Wahrheit ist. Viele Philosophen und Theologen sind aber selbst so weit gegangen, dass sie die Behauptung aussprachen, Gottes Dasein sei sowohl an sich als auch für uns unmittelbar gewiss, bedürfe keines Beweises, könne auch gar nicht bewiesen werden. Jedem Menschen sei nämlich mit dem Selbstbewusstsein auch das Gotteskewusstsein angeboren, und diess zwar in der Gottesidee, die ohne weiters, weil in den Geist bei seiner Erschaffung von Gott schon hineingelegt, mit dem Vernunftgebrauche unabweislich und lichtvoll in das Bewusstsein eintritt. Diese Behauptung geht jedenfalls zu weit, da sie mit den grössten Philosophen und Theologen aller Zeiten im Widerspruche steht, die Beweise für Gottes Dasein geführt haben. Sie verwarfen das angeborne Gottesbewusstsein nicht, erklärten es aber dahin, dass bloss die Fähigkeit, Gott leicht zu erkennen, darunter zu verstehen sei.

Aber auch die entgegengesetzte Ansicht derer, die Alles und auch die Existenz Gottes logisch streng beweisen und bewiesen haben wollen, muss als eine nicht ganz haltbare zurückgewiesen werden. — Man hat nämlich Beweis von Nachweis wohl zu unterscheiden. Beide sind Herleitungen von Wahrheiten aus bereits Bekanntem und Gewissem. Der Beweis aber ist die Herleitung neuer Wahrheiten, die man noch nicht besass, auf Grund anderer, für sich gewisser, bereits gefundener Wirklichkeiten. Unter Nachweis hingegen versteht man nicht die Auffindung neuer Wahrheiten, welche man noch gar nicht besass, sondern vielmehr nur das Hervorziehen gewisser in andern erworbenen Erkenntnissen mit eingeschlossenen Wahrheiten.

Nun scheint es aber sowohl unpassend, als dem Gegenstande unangemessen zu sein, die allererste und wichtigste Wahrheit als etwas aus andern untergeordneten Wahrheiten Hervorwachsendes behandeln zu wollen. Dieses würde jedoch geschehen, wollte man das Dasein Gottes im strengen Sinne des Wortes beweisen. Von einem eigentlichen Beweise kann also keine Rede sein. — Wenn wir hingegen, was mit der bisherigen Erörterung ganz im Einklange steht, in allen andern Erkenntnissen, die durch Erfahrung, Beobachtung und Nachdenken erworben werden, die Erkenntniss vom Dasein Gottes als Urwahrheit und Grund aller andern Wirklichkeit, eingeschlossen voraussetzen, so ist ein Nachweis desselben ganz am Platze. Man darf dabei nur von gewissen, unläugbaren, allbekannten Existenzen ausgehen und in wissenschaftlich brauchbarer Form einfach darlegen, wie mit der Annahme dieser das Dasein Gottes schon mitgegeben ist, oder auf welchem Wege es sodann erkannt werden müsse, oder endlich, wie ohne dasselbe diese selbst keine Wirklichkeiten mehr sein können.

Man kann von jeder unbestreitbaren Wirklichkeit den Ausgangspunkt wählen, und es gibt demnach viele Wege, die zu demselben Ziele führen. Doch wie alle Existenzen zum geordneten Ganzen des Weltalls sich schön zusammenfügen und in dieser ihrer Verbindung erst bedeutungsvoll und mächtig werden, — so bilden auch die auf sie gegründeten Nachweise ein gesshlossenes System, stehen vereinzelt schwach und mangelhaft da, aber vereint gleich einer unangreifbaren, unüberwindlichen Phalanx.

Alle unsere Erkenntnisse beziehen sich entweder auf die Welt um uns oder auf die Welt in uns.

Die Dinge der Aussenwelt kündigen sich uns als Zufälliges, Gewordenes an; und wir fragen nach der Ursache ihres Gewordenseins. Jedes Gewordene hat aber ein Anderes, durch das es geworden, zu seiner Ursache. Dieses muss ein Erstes sein, sonst kehrt dieselbe Frage bei ihm wieder, und man verfällt in die Absurdität der unendlichen Reihe oder des Kreislaufes von Wirkungen und Ursachen, in der man doch nie eine genügende Ursache des Ganzen erhält. — Als Erstes ist es jedoch ein ungewordenes, aussichseiendes, nothwendiges, absolutes Wesen.

Die Welt existirt, aber sie existirt nicht als todte Masse; wir sehen in ihr augenscheinlich Bewegung, Thätigkeit und Leben. — Und in Allem, was lebt und sich bewegt, im Ganzen und Grossen, wie in jedem einzelnen Organismus liegt das unvertilgbare Gepräge der Zweckmässigkeit und Ordnung ausgedrückt. Und welche Ordnung! welche Zweckmässigkeit! welche Harmonie! Ordnung aber und Zweckmässigkeit offenbaren eine ordnende, zwecksetzende Intelligenz-Macht. Macht, von Intelligenz geleitet, findet sich jedoch nur in einem geistigen Wesen; und die Schönheit und Güte, welche über die Dinge ausgegossen ist, bekunden zugleich die unvergleichliche Schönheit und höchste Güte desselben.

Die Dinge ausser uns, deren Inbegriff wir Welt nennen, fordern also gebieterisch ein erstes, ungewordenes, aus sich seiendes, nothwendiges, absolutes Wesen, als von ihnen unterschiedene Ursache ihres Daseins und sind in ihrem Leben, ihrer Zweckmässigkeit, Ordnung und Harmonie der unverkennbare Wiederschein und Abdruck der höchsten Erkenntniss, Macht, Weisheit, Schönheit, der unbegrenzten Güte — mit einem Worte — Gottes. —

Nach der grossen Welt um uns erschliesst sich eine andere kleinere, aber noch wunderbarere Welt in uns.

Hier, in unserm Geiste, stossen wir auf gewisse Grundwahrheiten, die die Welt der Geister beherrschen, sei es in der intellectuellen oder moralischen Ordnung. Wir Alle erkennen sie, sie sind uns Allen gemeinsam und darum sind sie keine subjectiven Vorstellungen. — Woher stammen diese Grundprinzipien, und weil auf ihnen die Wahrheit ruht, woher die Wahrheit? — Sie ist nicht Werk der Vernunft; denn diese erkennt die Wahrheit, schafft sie aber nicht. Sie wohnt nicht in den Dingen; denn diese kommen und gehen, die Wahrheit bleibt wandellos und ewig. Sie existirt nicht als Wesen eigener Art; denn was ist die Wahrheit ohne Vernunft, die sie erkennt? was die Idee ohne den Geist, dessen Idee sie ist? Es setzt darum die Wahrheit eine oberste Vernunft voraus, welche vor und nach und über der individuellen Vernunft existirt, eine Urvernunft, Grund und Prinzip jeder menschlichen Vernunft, — Gott.

Doch der Mensch ist nicht allein Intelligenz, er ist ebenso und vorzugsweise sittliche Natur. Und wie die Wahrheit über seiner Vernunft als Norm seiner Erkenntniss dasteht, so ist das ihm eingeschaffene Sittengesetz für ihn das Richtmass, wodurch er seine freie That bemisst und beurtheilt. Unabhängig und hocherhaben steht es über sinnlichem Wohl und Wehe, es ist allgemein, duldet keine Ausnahme und bindet für immer. Als sein unerbittlicher Executor fordert das Gewissen, zu thun, was es gebietet, und zu lassen, was es verbietet. Wer hat nicht schon diese durchdringliche und unbestechliche Stimme gehört, die als Rathgeber allen unsern Handlungen vorausgeht und als Schiedsrichter ihnen nachfolgt? — Woher das Sittengesetz? woher der Unterschied zwischen Gut und Böse? woher das Gewissen? In der menschlichen Willkühr, in Vorurtheilen der Erziehung lässt sich der Grund hiefür nicht finden. Ihr Ursprung muss jenseits der endlichen Geisterwelt gesucht werden; die Idee der Sittlichkeit muss ausgehen von einem höchsten, Alles beherrschenden und anordnenden Gesetzgeber, welcher das sittliche Gut selbst ist, der allein Gute, Urbild und Sinnbild alles Guten — Gott.

Unter den Ideen aber, die ins Bewusstsein des geistig sich entwickelnden Menschen ahnungsvoll sich drängen, ist die erste die eines Seins, eines Gutes, über das hinaus ein Grösseres nicht gedacht werden kann, und die somit alles das in sich fasst, was wir bisher vom letzten Grunde der Aussen- und Innen-Welt Vollkommenes erkannt haben und noch unendlich mehr. Doch dieses Unendliche als nicht existirend gedacht wäre jedenfalls unvollkommener, als das existirend gedachte Unendliche; mithin würde das erstere factisch der Idee des unendlich Vollkommenen nicht entsprechen, weil diese Idee (und das gilt nur von dieser) keine Ausnahme und Unvollkommenheit dulden kann. Mit der Idee des Unendlichen ist also die Existenz desselben schon gegeben, und ich kann, wenn ich sie logisch richtig denke, sie als nicht existirend gar nicht denken.

Es existirt also Gott, das Sein, das Gut, über welches ein Grösseres nicht gedacht werden kann, der die Wahrheit selber und Quelle aller Wahrheit ist, der im Glanze der Heiligkeit und Gerechtigkeit als oberste sittliche Norm allen Menschen vorleuchtet — Gott, der allein unerschaffene, aus sich seiende Geist, die selige Ewigkeit und die ewige Seligkeit, der dieses überall und für Alle ist. [1])

So führen uns diese Nachweise von der Betrachtung der Aussen- und Innen-Welt auf vielsprossiger Leiter zur Erkenntniss des Daseins Gottes und seiner höchsten Vollkommenheiten und lassen uns immer klarer und deutlicher das unermessliche Meer derselben übersehen, wenn sich auch noch endlose Fernen und unerforschliche Abgründe auf dieser Höhe unsern staunenden Blicken entziehen.

Zugleich ersieht man daraus, dass die sogenannten Beweise für Gottes Dasein: der kosmologische, der physikotheologische, der moralische und ontologische, weder etwas Zufälliges noch Gesondertes, sondern etwas Nothwendiges und Zusammenhängendes ausmachen. Der historische Beweis gilt als blosser Anhang dieser, indem er das Vorhandensein des einen oder des andern von ihnen bei allen Völkern aller Zeiten, unter welcher Form immer, dadurch bestätigt, dass er zeigt, man habe überall und immer an Gott oder ein Göttliches, Höheres geglaubt; womit freilich eine andere Erkenntnissquelle nicht ausgeschlossen werden soll.

Allein wir haben für unsere Behauptung, dass Gottes Dasein aus der Vernunft leicht erkannt werden könne, noch andere Gründe, und lassen jetzt das Buch der Bücher, die heilige Schrift für dieselbe sprechen. Im Buche der Weisheit [2]) lässt sich der Verfasser besonders weit und eingehend über unsern Gegenstand aus. — Es heisst daselbst: „Ja thöricht sind alle Menschen, in welchen nicht Erkenntniss Gottes sich findet und welche aus dem sichtbaren Guten nicht vermochten zu erkennen denjenigen, welcher ist, noch auch achtend auf die Werke, erkannten, wer der Bildner sei; sondern entweder Feuer, oder Wind, oder die schnelle Luft, oder den Kreis der Gestirne, oder ein gewaltiges Wasser, oder Sonne und Mond für weltbeherrschende Götter hielten. — Sofern nun durch deren Schönheit entzückt, sie diese für Götter annahmen, hätten sie bewusst werden sollen, um wie viel vorzüglicher der Herr ist; denn der Schönheit Urheber hat selbe geschaffen. Oder falls sie deren Macht und Wirksamkeit anstaunten, so durften sie daraus erschliessen, dass derjenige, welcher selbe hervorgebracht, mächtiger als diese ist; denn aus der Grösse geschöpflicher Schönheit wird vergleichungsweise (nach Andern schlussweise) deren Bewerkstelliger erschaut. — Vermochten sie soweit zu erkennen, dass sie die Welt erfassen konnten, wie fanden sie nicht leichter den Herrn derselben?"

---

[1]) Siehe zum Ganzen: Das Christenthum und die Einsprüche seiner Gegner von Dr. Vosen. C. V.
[2]) c. 13, v. 1—15.

Der heilige Verfasser hatte im vorhergehenden Kapitel den Grund des chananäischen Götzendienstes erwähnt und geht nun in diesem Kapitel zum Nachweise der Thorheit und Schuld des Heidenthums überhaupt über. — Was sagt er nun hierüber? Einen Thoren nennt er den Menschen, in dem keine Erkenntniss Gottes sich findet; denn der Mensch kann ja Gottes Dasein erkennen. — Diese Erkenntniss ist eine leichte, von selbst sich darbietende. — Noch mehr: nicht nur das Dasein Gottes, auch seine Eigenschaften, wie seine Macht und Schönheit können ihm in nur ganz unbegreiflicher Weise verborgen bleiben.

Und was wird als Quelle dieser Erkenntniss angegeben? Die Offenbarung? Mit keinem Worte. Aus dem sichtbaren Guten, sagt der weise Mann, hätte der Mensch den zu erkennen vermocht, der da ist durch die Schönheit der Dinge entzückt, hätte er sollen bewusst werden, wie weit herrlicher deren Schöpfer ist; die Macht und Wirksamkeit der Dinge anstaunend, hätte er schliessen sollen, wie weit mächtiger der Herr ist; mit andern Worten, wenn das religiöse Bewusstsein bei dem Heiden so weit schon entwickelt war, dass er über die Schönheit und die Ordnung der Welt nachdachte, so lag es nahe, von der Wirkung den Schluss auf die erste Ursache, vom Geschöpfe den Schluss auf den Schöpfer zu machen.

Dass man diess nicht that, sondern Gegenstände in der Natur oder am Firmamente für weltbeherrschende Götter hielt, das religiöse Bewusstsein somit vor diesem so nahen Schlusse wie vor einer unübersteiglichen Scheidewand zwischen Irrthum und Wahrheit stehen blieb, liegt, ausser der Trennung von der Quelle einer höhern Überlieferung und Gnade zumeist in sittlichen, selbstverschuldeten Zuständen, indem die Heiden neben der Macht des Bösen und der Sünde, den einen wahren Gott wieder zu finden, auch der Zauber hinderte, mit welchem das sichtbare Schöne der Sinnlichkeit und dem Hochmuthe der Menschen schmeichelte.

Aber ihr Irrthum lässt darum keine Entschuldigung zu. Suchten und fanden sie doch Götter zufolge ihres innern unwiderstehlichen Dranges nach Höherm, an das sie sich hingeben, auf das sie vertrauen und vor dem sie die Gefühle und Bedürfnisse ihres Herzens aussprechen könnten. Dass sie den wahren Gott nicht fanden, war selbstverschuldet. Die überwuchernde Sünde, der Reiz der sinnlichen Gegenstände, denen sie sich freiwillig hingaben, hielten ihr Geistesauge umdüstert, dass sie den wahren Herrn der Welt nicht schauten, der doch leichter selbst gefunden werden konnte, als die Welt erfasst wurde.

So verdunkelt also und durch die Sünde und den Zauber äusserer Gegenstände bestochen das Erkenntnissvermögen bei den Heiden immer sein mochte, es konnte dennoch Gott nicht nur in seinem Dasein, sondern auch in seinen Vollkommenheiten erkennen.[1]

Eine ganz analoge Darstellung derselben Sache findet sich bei dem Apostel Paulus in seinem Briefe an die Römer.[2] Die heilige Schrift bezeugt aber nicht bloss die Möglichkeit der natürlichen Gotteserkenntniss, sondern erschöpft sich, so zu sagen, in Ausdrücken, in welchen sie wiederholt einschärft, dass dieselbe sogar sehr leicht erlangt werden könne. — „Die Himmel erzählen die Herrlichkeit Gottes, die Werke seiner Hände macht kund das Firmament," sagt der Psalmist.[3] — Der Himmel Schweigen ist ihm eine lautere und durchdringendere Stimme, als der Schall einer Trompete. Diese Stimme ruft nicht nur zu unsern Ohren, sondern auch gleichsam zu unsern Augen, und feiert sehr beredt die Grösse dessen, der selbe geschaffen.

Kann man sich dann wundern, wenn derselbe königliche Sänger entrüstet über die in der Sünde grau gewordenen Frevler in die Worte ausbricht: „Es spricht der Thor in seinem Herzen: es gibt keinen Gott?"[4] Sein Herz spricht es nur, nicht sein Verstand. — Sobald die Sünde im Menschen herrschend geworden ist, aber des Gewissens Stimme sich noch zuweilen vernehmen lässt, da spricht er, sich gefallend in seiner Sünde, den Wunsch aus: möchte doch kein Gott sein; bleibt er dann länger ungestraft, so erklärt er endlich die Drohungen Gottes für Lüge und spricht: es gibt keinen Gott.

Noch schöner, aber auch schärfer spricht sich in dieser Hinsicht Job aus. Als Erwiederung auf die Rede eines seiner Freunde sagt er: „Befrage doch die Thiere des Feldes und sie werden dich es lehren; und des Himmels Vögel, und die werden dir's verkünden. Rede zur Erde, und sie wird dich bescheiden, und erzählen werden des Meeres Fische: Wer weiss nicht, dass all' Dieses die Hand des Herrn gewirkt, in dessen Hand die Seele alles Lebenden, und der Geist jedwelchen Menschenleibes ist?"[5] — Die Thiere des Feldes, die Vögel der Luft, die Fische im Wasser, die Erde selbst verkündigen mit dem beredtesten Munde die schöpferische Allmacht und unbeschränkte Oberherrschaft Gottes. Man bedarf nur des Ohres, diese Stimmen zu vernehmen; und es kann kein Mensch so taub sein, dass sie nicht in sein Inneres drängen.

---

[1] Siehe Übersetzung der hl. Schrift und die beigefügten Noten der citirten Stelle von Dr. Loch und Dr. Reischl.
[2] Rom. c. 1, v. 19—22.
[3] Psalm. 18, 1.
[4] Psalm. 13, 1.
[5] Job. c. 12, v. 7—9.

Und fügen wir hinzu, was der Weltapostel vor dem Areopage zu Athen predigte:[1]) Gott hat die Menschen auf der Oberfläche der Erde zerstreut, „dass sie Gott suchten, ob sie etwa ihn tasten und finden möchten, der doch nicht ferne von einem Jeglichen aus uns ist;" erinnern wir uns noch, was derselbe an die Römer schrieb, [2]) dass „das Unsichtbare an Gott.... in den erschaffenen Dingen erkennbar geschaut wird," — so kann nach den Worten der Schrift Gott gleichsam durch das Getast in den Dingen, in und hinter welchen er ist, gefühlt, und durch das Auge in der Natur, die er, wie das Licht den Krystall durchdringt, gesehen, also sowohl durch das Ohr, als durch das Auge, als auch durch das Getast wahrgenommen werden. — Nachdrücklicher und einleuchtender konnte doch die heil. Schrift nicht bezeugen, dass Gottes Dasein und nicht minder seine Macht und Herrlichkeit schon durch die natürliche Erkenntnisskraft des Menschen allein leicht, sicher und unabweislich erkannt werden könne.

Auf diese und andere Stellen der heil. Schrift stützen sich jene Namen, welche erleuchtete Väter den Geschöpfen gaben. Der heilige Basilius von Seleucia [3]) nennt sie eine Leiter, auf welcher die Seele zum Schöpfer emporsteigt; der hl. Gregor der Grosse [4]) Spuren und Fussstapfen, mittelst welcher wir den Schöpfer finden können; der hl. Lorenz Justivian [5]) kleine Spiegel, in welchen der Schöpfer geschaut wird; der hl. Augustin [6]) heisst sie Winke, wodurch sich uns die göttliche Weisheit stillschweigend enthüllt; die hl. Basilius [7]) und Chrysostomus [8]) nennen sie ein allgemeines Buch, in welchem selbst die rohesten und wildesten Völker die göttlichen Geheimnisse lesen und verstehen können; und der hl. Bernard [9]) Sonnenstrahlen, die uns zeigen, dass derselbe wahrhaft ist, von dem sie sind. [10])

Daher haben auch die Lehrer und Väter der Kirche aus den ersten Jahrhunderten des Christenthums in ihren Schriften gegen die Heiden das Dasein Gottes, ohne es zu beweisen, meistens als bekannt vorausgesetzt, und Tertullian drückt sich in dieser Beziehung eben so kurz

---

[1]) Act. c. 17, v. 27.
[2]) Rom. c. 1., v. 20.
[3]) S. Basilius Or. I.
[4]) S. Gregor. Moral. lib. 26, c. 8.
[5]) S. Laurent. Instin. De cast. connub. cap. 18.
[6]) S. Augustin. De libr. arbitr. lib. II, c. 16.
[7]) S. Basilius. Hom. XI. in Hex.
[8]) S. Joh. Chrysost. Hom. IX ad pop.
[9]) S. Bernard. Serm. 39. in Cant.
[10]) Siehe: Bened. Rogacci S. J. Von dem Einen Nothwendigen. 1. Thl. 9. Hptstück.

als kräftig aus: „Wir verehren Einen Gott, den ihr alle auf natürlichem Wege (naturaliter) kennt". [1])

Wenn sie dennoch Beweise brachten, so waren sie stets weniger bemüht, ihnen die Existenz Gottes zu begründen, als vielmehr die Überzeugung in ihnen zu befestigen, dass es nur einen Einzigen Gott gebe. Dafür ergriff Tertullian in seinem Buche: De testimonio arimae ad versus gentes, mit der naturwüchsigen Kraft seiner Rede das Wort; dafür schrieb und stritt Minutius in seinem Octavio; diess zeigte Arnobius den Heiden in seinem zweiten Buche; das behandelte mit ungewöhnlicher Eleganz der Sprache auch Lactantius, der für die Einheit Gottes selbst Zeugnisse heidnischer Dichter und Philosophen sprechen lässt. — Übrigens konnte es den christlichen Lehrern keine grosse Mühe machen, den Heiden Gottes Existenz und Einheit aus der Vernunft einleuchtend und begreiflich darzulegen. Konnten sie doch auf die grossen Heroen derselben in der Philosophie hinweisen, die das Dasein Eines Gottes so klar schon erkannt und so scharfsinnig nachgewiesen hatten.

Dass sie dieses auch nicht unterliessen, bezeugt die Geschichte.

Vorzüglich waren es aber Platon und Aristoteles, auf die sie, und wohl mit allem Rechte aufmerksam machten. Diese grossen Geister und unvergleichlich tiefen Forscher suchten und fanden, jeder in seiner Weise, dergestalt den Einen Gott, dass man Platon den Moses nannte, der attisch redet, und von Aristoteles behauptete, er habe Moses gelesen, aber ihn mit der Bemerkung bei Seite geschoben: Er schreibe gut, aber beweise nichts.

„Platon führt eigentlich für die Existenz des göttlichen Wesens keinen ausgesprochenen Beweis (im Sinne und in der Weise der christlichen Philosophie), denn dieselbe ist ihm so gewiss, als die Existenz der Welt, weil Gott ihm als das Ursein, das Urwesen, das Urgute, die Urwahrheit, — kurz, als die Idee der Welt selbst erscheint, ohne welche sich diese gar nicht denken lassen würde. In der dialectischen Erforschung der Entstehung und der Ordnung der Welt, so wie der sittlichen und intellectuellen Ideen im Menschen, tritt darum die Idee des göttlichen Seins von selbst als diejenige hervor, in der alles Übrige culminirt, wie Alles in ihr besteht. — Das Dasein Gottes ist diesem Forscher darum wissenschaftlich eben so sicher, als jede andere seiner Ideen. Es ist bewiesen durch die Consequenz seines Systems." —

„Und da am Bau der platonischen Philosophie, nebst der psychologischen Vorhalle, drei Hauptgliederungen des ganzen Gedankensystems hervortreten, nämlich: Dialectik, Ethik und Physik, so finden wir auch

---

[1]) Scapul. I.

das Dasein Gottes in vierfacher Weise in den Gedanken seines Systems entwickelt: Gottes Dasein ergibt sich sowohl aus der Psychologie, als aus der Dialectik, aus der Ethik und Physik." ¹)

Von Aristoteles besitzen wir mehrere Beweise vom Dasein Gottes, theils in seinen Schriften selbst, die uns erhalten worden sind, theils in Werken anderer Philosophen, die aus verloren gegangenen Schriften des Stagiriten uns Bruchstücke aufbewahrt haben.

Der berühmteste, auch vom h. Thomas von Aquin weitläufig durchgeführte Beweis ist der aus der Bewegung (ex motu) ²). Sein Inhalt und Gang ist kurz folgender: Es gibt eine ewige Bewegung. Es muss also auch ein erstes bewegendes unbewegtes Princip der Bewegung geben (primum movens non motum). Denn wollte man dieses Prinzip der Bewegung als bewegt annehmen, so wäre man genöthigt, bei dem Suchen eines ursprünglichen bewegenden Prinzips in das Unendliche fortzuschreiten; (was nämlich bewegt ist, wird immer durch ein Anderes bewegt) eben desswegen könnte es dann ohne ein unbewegtes erstes Prinzip weder Bewegung noch Zeit geben. Da es aber Bewegung und Zeit gibt und zwar beide ohne Anfang, so muss es ein solches unbewegtes, ewiges Prinzip geben. Das nennt er nun Gott; folglich existirt Gott. ³)

Ein anderer Weg, den Aristoteles einschlug, war der, von dem uns noch eine Andeutung in einem Fragmente aus dem verloren gegangenem Werke: Περὶ φιλοσοφίας übrig ist. „In Allem, sagt der Philosoph, wo etwas Besseres ist, da muss auch ein Bestes sein. Da nun in dem, was ist, ein solcher Unterschied stattfindet, und das Eine besser ist, als das Andere, so muss es auch ein bestes, vollkommenstes Wesen geben."

Andere Beweise, in weniger wissenschaftlicher Form geführt, finden sich als Bruchstücke aus aristotelischen nicht mehr vorhandenen Schriften bei andern Schriftstellern, wie bei Sextus Empiricus und bei Cicero. — Bei letzterem lesen wir: „Herrlich ist, was Aristoteles an folgender Stelle sagt: Wenn Menschen bisher immer an einem Orte unter der Erde gewohnt hätten, wenn auch in guten, selbst ausgezeichnet schönen Wohnungen, die geschmückt wären mit Statuen, Gemälden und mit Allem versehen, was nur reiche und für glücklich gehaltene Leute haben; wenn jene Menschen noch niemals aus ihren unterirdischen Wohnungen her-

---

¹) Das philosophische System Platon's in seiner Beziehung zum christl. Dogma von Dr. D. Becker, §. 4.
²) Arist. de Metaphys. c. 6.
³) Siehe: Ritter's Geschichte der Philos. B. 3.
Thom. Sum. I. q. 2, a. 3. — Sum. c. Gent. l. I. c. 13.

ausgekommen wären und nur vom Hörensagen und gleichsam gerüchtweise vernommen hätten, es gebe ein göttliches Wesen und ein Walten der Götter; wenn dann einmal nach einer gewissen Zeit die Abgründe der Erde sich öffneten, und es ihnen vergönnt wäre, aus ihren verborgenen, unterirdischen Wohnsitzen zu kommen und an diese Orte zu gelangen, wo wir wohnen; wenn diese Menschen nun plötzlich Erde und Meere und Himmel sähen, die grossen Züge der Wolken, die Gewalt der Winde wahrnähmen; wenn sie die Sonne erblickten, ihre Grösse und Schönheit, die Kraft ihrer Wirkungen kennen lernten, wie ihr Licht durch den Himmel verbreitet den Tag macht; wenn sie bei dem Eintreten des Dunkels der Nacht auf der Erde den ganzen Himmel mit Sternen geschmückt sähen, das wechselnde Licht des Mondes in seinem Wachsen und Abnehmen, der Sterne Aufgang und Niedergang und ihre ewigen, bestimmten und unveränderlichen Bahnen; — wenn sie alles dieses sähen, dann wahrhaftig würden sie dem Urtheil sich nicht entziehen, dass es Götter gibt und dass diese grossen Werke den Göttern zuzuschreiben sind."

Diesen ihren Lehrern und Meistern, den hl. Vätern und Kirchenschriftstellern, wie nicht minder den beiden grossen Philosophen Griechenlands folgten alle grossen Theologen und Philosophen des Mittelalters, da die Ansicht einiger weniger von ihnen kaum in Anschlag kommen kann. — Alle behaupteten und bewiesen unsere Thesis im gleichen Sinne. — Bei allen finden sich Beweise für das Dasein Gottes. — Ja der hl. Thomas von Aquin erklärt die entgegengesetzte Ansicht geradezu für irrthümlich und falsch. [1])

Auch die nachscholastischen Theologen theilen diese Ansicht. Und wenn man in neuerer Zeit von manchen Seiten her den Glauben mehr als das Wissen, oder nur den Glauben mit Ausschluss des Wissens bezüglich dieses Gegenstandes betonte; wenn man behauptete, das Dasein Gottes bedürfe keines Beweises, weil uns die Gottesidee angeboren ist; wenn man endlich dahin sich aussprach, es könne gar nicht bewiesen werden, weil es die erste und Grund-Wahrheit aller übrigen Wahrheiten sei, — so scheinen die ersten „Verräther der guten Sache" [2]) zu sein, die andern sie nicht klar genug gefasst zu haben, um von allem Irrthume hierin frei zu bleiben, und die letzten das Logische mit dem Ontischen, oder die Erkenntniss- mit der Seins-Weise verwechselt zu haben. Nicht der Erkenntniss, sondern nur dem Sein, der Wirklichkeit nach ist die erste und Grund-Wahrheit wirklich die erste.

Dass die Koryphäen der Philosophie seit Kant unsre Ansicht nicht

---

[1]) Sum. c. Gent. l. l. c. 12.
[2]) Perrone, Praelectiones theol. De Deo uno p. I. c. I.

theilen, die Beweise für Gottes Dasein entweder für unstichhältig erklären, oder keine haben und keine in ihren Systemen brauchen können, kann von ihrem Standpunkte aus Niemanden Wunder nehmen.

Was Kant betrifft, „so ist zufolge seiner Kritik der reinen Vernunft ausgemacht, dass die eigentlichen Gegenstände der Metaphysik: Gott, allumfassendes Weltsystem, und Geist unserm Erkennen gänzlich unzugänglich sind und jenseits der Grenze alles philosophischen Wissens liegen, — ja noch mehr, da es nach ihm gewiss ist, dass jene Ideen ursprünglich und eigentlich nur abstracte Bezeichnungen unserer menschlichen Denkform und dieser nur abgeborgt sind, Formen also, die wir erst abstrahiren, dann mittelst des sogenannten realen Vernunftsgebrauches objectiviren (als Objecte denken) und zum Theil personifiziren, — so kann auch nicht die leiseste Hoffnung übrig bleiben, mit Hilfe der Speculation je darüber Gewissheit zu erlangen, ob überhaupt übersinnliche, diesen Ideen entsprechende Wesen da seien oder nicht; ja, sehen wir auf den natürlichen Ursprung und die erste Bedeutung dieser Ideen, so wird in der That der Zuversicht unsers Glaubens an die Existenz solcher Gegenstände jedweder feste Grund und Boden entzogen." [1] —

Gegenstand des Wissens ist diesem Philosophen nur, was mit Allgemeinheit und Nothwendigkeit unserem Denken sich aufdrängt. Das sind aber blos seine Formen, vorzüglich die des Verstandes (Kategorien) und die der Vernunft (Ideen). Über das Was dieser Formen, das sie erfüllende Objektive und dessen Existenz lässt sich nichts mit Gewissheit ausmachen. Und was man auch darüber sagen und davon beweisen mag, es betrifft zuletzt doch nur den Gedanken und nicht die Sache, ausser man wollte den Gedanken für die Sache selbst nehmen. Dann allerdings wäre ihre Existenz sogleich gegeben und evident. — Allein diesen Schritt mochte Kant nicht thun.

Da nun Gott nichts anderes, als eine Form, eine Idee der Vernunft ist, so muss von dieser Idee ihrem Objecte nach ganz dasselbe gelten, was von den übrigen und allen gesagt wurde.

Von diesem Standpunkte allerdings mussten ihm die Beweise für Gottes Dasein ganz unhaltbar erscheinen und war es ihm auch ein Leichtes, sie in ihrer Haltlosigkeit für ihn aufzudecken.

Wie aber sein ganzes System an einer gewissen Halbheit leidet und mit sich selbst in Widerspruch kommt, so insbesondere auch seine Kritik der Beweise für's Dasein Gottes. — „Kant war weit entfernt, die höchsten Gegenstände des menschlichen Wissens, Gott, Seele, Welt

---

[1] Siehe: Historische Entwicklung d. speciel. Phil. von Kant bis Hegel von H. M. Chalybaeus. 1. u. 2. Vorlesung.

selbst antasten und mit Widersprüchen belasten zu wollen, vielmehr wendet er seine Dialectik nur gegen die Art und Weise des Erkennens und Beweisens derselben; nur diese, meint er, sei wissenschaftlich ungiltig, nichtig, und fälsche die Objecte zu widerspruchsvollen Begriffen".

„Um daher den höchsten Interessen der Menschheit auf andere Weise zu Hilfe zu kommen und, was er mit der einen Hand zerstört, mit der andern fester und schöner wieder zu erbauen, meint Kant, vom Gebiete des eigentlichen theoretischen Wissens selbst hinweg auf ein anderes sich begeben zu müssen, auf das des praktischen Vernunftglaubens." [1])

Was er somit bei den Thoren hinausgetrieben, lässt er bei diesem Hinterpförtchen wieder herein. Gott ist dann ein Postulat der praktischen Vernunft, eine Annahme, zu der selbe nothwendig getrieben wird; Gegenstand des Vernunftglaubens und nicht des Wissens; aber auch wieder nicht Sache des Glaubens im eigentlichen Sinne. — „Der Kantische Gott, besser gesagt, ist so ein rechter Deus ex machina, den er zur Komplementirung der moralischen Weltordnung, wie er ihn braucht, in Scene setzt." [2])

Aber welches ist die Brücke, müssen wir fragen, die über die Kluft zwischen der theoretischen und praktischen Vernunft führt? Was die eine negiren muss, das behauptet die andere. Wie löst sich dieser Widerspruch? Was erstere mit Grund aufhebt, setzt die zweite ohne Grund. Wer hält das nicht für ungereimt, wenn man nicht sagen will, thöricht? —

„Wozu Kant den Anstoss gegeben und halb schon ausgesprochen hatte, das führten Fichte und Hegel vollkommen durch, und sprachen sie unumwunden aus. Konnte man doch auf halbem, widerspruchsvollem Wege nicht stehen bleiben." — „Denken und Sein, Subject und Object sind Eines; und wie man in der vorkantischen Philosophie das Denken und seine Gedanken ganz von den Aussendingen (Empirismus des Locke und Hume) abhängig gemacht hat, so kehrte man jetzt das Verhältniss um (Idealismus). Was ist und geschieht, das ist weiter nichts als ein nach Aussen gesetztes Produkt des Geistes, ein als real gesetzter Gedanke. Kein Wunder dann, wenn der Mensch die Wirklichkeit zu erkennen und vollkommen zu erkennen im Stande ist. Umschliesst er in seinem Geiste doch alle Wirklichkeit und ist er doch allein alles Wirkliche." --

„Und Gott? Selbsterkenntniss war Gotteserkenntniss. Wollte diese

---

[1]) Siehe: H. M. Chalybaeus. l. c.
[2]) Siehe: Das phil. System Platon's von Dr. D. Becker. l. c.

Philosophie consequent sein, (und sie war es hierin) so musste sie zuletzt den Menschen in die Stelle Gottes versetzen, oder um ihn zu finden und aus dem Menschen herauszudemonstriren, der Mensch Gott oder doch göttlich sein. Das war freilich eine schwindelnde Höhe, aber man schwang sich zu ihr empor. Doch man wird wieder sagen müssen, dieser tollkühne Versuch des menschlichen Verstandes, sich in Gott oder Gott in sich zu versetzen, ist ganz die Vermessenheit, woran Mephistopheles seine Freude hat:" [1])

> Folg nur dem alten Spruch und meiner Muhme, der Schlange,
> Dir wird gewiss einmal bei deiner Gottähnlichkeit bange. —

Die Vernunft, die hl. Schrift, die hl. Väter, die grössten Philosophen und Theologen aller Zeiten bezeugen also einstimmig, dass Gottes Dasein vom Menschen durch seine natürliche Erkenntnisskraft allein sicher und leicht erkannt werden könne. Und wer das Gewicht der angeführten Gründe erfasst und reiflich erwogen hat, wird mit Tertullian ganz einer und derselben Überzeugung sein, wenn er sagt: „Der Seele ursprüngliche Mitgift ist das Gottesbewusstsein, und dasselbe ist kein anderes bei den Egyptern, wie bei den Syriern und den Bewohnern des Pontus." [2])

Gottes Dasein ist auch Gegenstand des Glaubens.

Dass eine Wahrheit Glaubenswahrheit (dogma fidei) sei, dazu werden als unerlässliche Bedingungen gewöhnlich gefordert, dass dieselbe ausdrücklich von Gott geoffenbart und von der Kirche als übernatürlich geoffenbarte Lehre erklärt und Allen zu glauben vorgestellt worden sei. Nun geben wir gerne zu, dass das Dasein Gottes in den Offenbarungsquellen nirgends direct und wörtlich ausgesprochen sich finden lasse, was ohne Widerspruch auch nicht der Fall sein könnte, da jede Offenbarung die Existenz eines Offenbarenden stets voraussetzt; wir gestehen zu, dass weder die feierliche Definition eines allgemeinen Concils noch das dogmatische Schreiben eines Papstes diese Wahrheit als Glaubenswahrheit aufgestellt habe. Aber **indirect und thatsächlich** ist es geoffenbart; und es ist kein Widerspruch darin zu finden, dass der sich offenbarende Gott durch das, was er auf übernatürliche Weise kundgibt, und durch die Offenbarungsthatsache selbst sich als Scienden auf eben dieselbe Weise mitbezeugt. Die **allgemeine Übereinstimmung der Kirche** von den ersten Jahrhunderten bis auf diesen Tag erhebt diese Fundamental-Wahrheit des Glaubens zur Glaubens-

---

[1]) Siehe: H. M. Chalybaeus. l. c.
[2]) Tertull. Lib. I. cont. Marc. c. 10.

wahrheit. Und sie genügt und macht ohne besondere Veranlassung eine feierliche Definition der Kirche unnöthig, wie nicht minder die indirecte und thatsächliche Offenbarung neben der directen und wörtlichen gleichberechtigt und ebenbürtig dasteht.

Indirect aber ist Gottes Dasein in allen jenen Stellen der hl. Schriften beider Testamente geoffenbart, die uns über die göttlichen Eigenschaften und Vollkommenheiten näheren Aufschluss geben. Denn abgesehen davon, dass in Gott die Eigenschaften mit seinem Wesen identisch sind, so leuchtet ohne weiters von selbst ein, dass in der Wirklichkeit der Eigenschaften eines Wesens die Existenz eben dieses Wesens eingeschlossen und mitausgesprochen ist. Und zwar ist das Dasein Gottes in seinen Eigenschaften, worüber erst die übernatürliche Offenbarung dem Menschen vollständige Belehrung bietet, dergestalt unmittelbar und selbstverständlich mitbehauptet, dass es ohne weitere Vermittlung eines eigentlichen Schlusses alsogleich mit vollster Klarheit und höchster Gewissheit erkannt wird.

Kann doch bezüglich dieser übernatürlichen Erkenntnissweise von Gottes Dasein nichts anderes gelten, als was bei der natürlichen Niemand läugnet. Auch bei dieser wird dasselbe aus den durch die Vernunft erkannten Eigenschaften und Vollkommenheiten Gottes unmittelbar gefolgert, weil es in ihnen mit unverkennbarer Klarheit und nicht wegzuläugnender Gewissheit ausgedrückt liegt. Ja Gottes Dasein kann gar nicht unmittelbarer erkannt werden, als es durch seine Eigenschaften und Vollkommenheiten geschieht, da dasselbe in seiner bestimmungsleeren Abstractheit nirgends sich zeigt noch auch sich zu zeigen vermag.

Fürwahr, wozu sollten die Dinge um uns und in uns auch einzig auf das Dasein Gottes hinweisen? Könnten sie diess wohl auch? Kann Gott, insofern er ist, von dem getrennt werden, was er ist: von seinen Eigenschaften und Vollkommenheiten? Wo und wie immer Gott der menschlichen Vernunft sich nähert, kann es allein oder überhaupt nur durch die Existenz, einen hinterher gemachten Begriff unsers abstrahirenden Verstandes, geschehen, oder müssen es nicht vielmehr seine erhabenen Vollkommenheiten sein, in denen er dem Menschengeiste mit lichtvoller Klarheit sich wahrnehmbar macht? Ist es die abstracte Existenz, die überall schaffend und wirkend, ordnend und zum Ziele führend, erhaltend und Wohlthaten spendend, erleuchtend und Gesetze gebend, Furcht und Liebe weckend uns entgegentritt, oder sind es wiederum nicht vielmehr seine höchsten Vollkommenheiten: seine Allmacht, Weisheit Güte, Barmherzigkeit, Gerechtigkeit und Treue? Und wenn wir aus diesen Eigenschaften und Vollkommenheiten, die um uns die Natur predigt und in uns das Gewissen laut verkündigt, Gottes Dasein nur miterkennen und mitwissen, so wird Jedermann zugestehen, dass, wenn dieselben göttlichen Eigenschaften und noch viele andere auf eine unendlich bestimmtere und vollkommenere Weise, als es in der Natur und im Menschengeiste der Fall sein kann, durch die übernatürliche Offenbarung uns kundgemacht werden, dadurch zugleich auch das Dasein Gottes uns mit geoffenbart und von uns wie diese und mit diesen auf die bestimmteste und vollkommenste Weise erkannt wird.

Ja gewiss, wenn gleich die Vernunft allein schon aus den in der Schöpfung wahrgenommenen göttlichen Eigenschaften die Existenz Gottes leicht und sicher erkennt, so ist es doch erst die übernatürliche Offenbarung, die allen und jeden Zweifel daran unmöglich macht. Sie nämlich gewährt erst dem Menschen eine ganz richtige und vollständige Erkenntniss der göttlichen Eigenschaften, einen in sich abgeschlossenen vollkommenen Gottesbegriff, der allein eine über allen Zweifel erhabene Gewissheit, die Gewissheit des theologischen Glaubens, von der Existenz Gottes zu erzeugen und zu erhalten vermag.

Allerdings vermag der Mensch, wie oben erwiesen wurde, auf Grund des bestehenden unläugbaren Causalnexus durch den Schluss von der Wirkung auf die Ursache einen mächtigen Urheber dieser Welt zu erkennen; die Schönheit und Vollkommenheit der Geschöpfe lässt ihn die weit grössere ihres Bildners erschliessen; die zweckmässige Ordnung und Einrichtung in den Dingen spricht für einen höchst weisen Ordner und eine allwaltende Vorsehung; das Dasein so vieler Dinge und Wesen voll reicher königlicher Ausstattung zur Erreichung ihrer Bestimmung und das Übermass, womit für ihre Erhaltung gesorgt ist, bekundet die neidlose, überschwängliche Güte ihres Schöpfers; die unabweisliche Nothwendigkeit, mit der im Innern des Menschen das Sittengesetz durch das Gewissen sich vernehmbar macht, weist auf einen obersten, heiligen Gesetzgeber hin. Und wer wollte es verkennen, dass in den bald glücklichen, bald unglücklichen Verhältnissen der Menschen, in den Gütern, womit sie jetzt überschüttet, in den Übeln, womit sie ein andermal heimgesucht werden, die vollstreckende Gerechtigkeit ihr Amt übe, je nachdem die Menschen Gutes oder Böses gethan; oder auch, dass die Langmuth und Barmherzigkeit desselben gerechten Richters die Sünder, wenn sie die Strafe noch nicht oder gar nicht erreicht hat, lange erträgt und endlich selbst wieder verzeihend und liebend aufnimmt? —

Aber die streng logische Consequenz fordert nur so viel Macht, Weisheit, Vorsehung, Güte, Heiligkeit, Gerechtigkeit, Langmuth und Barmherzigkeit eines höhern Wesen, als eben zu befriedigender Erklärung des Daseins der Welt, und deren Einrichtung in den Verhältnissen und Erscheinungen auf physischem und moralischem Gebiete erfordert wird. Und was die Idee des Unendlichen betrifft, die den mangelhaften, schwankenden und unvollständigen natürlichen Gottesbegriff ergänzen, berichtigen und vervollständigen sollte, so ist diese selbst in ihrer vollen Klarheit und allseitigen Bestimmtheit bezüglich der ganzen Fülle ihres Inhalts kein Erzeugniss der Vernunft, sondern eine erst am Baume übernatürlicher Gotteserkenntniss gezeitigte Frucht. Die Vernunft erkennt aus sich Unbestimmbares (indefinitum), aber nicht eigentlich Unendliches (infinitum).

Daher vermag sich die natürliche Gotteserkenntniss im Allgemeinen und Ganzen von allem Schwanken des Zweifels und aller Unsicherheit der Muthmassung für die Dauer niemals ganz frei zu erhalten. Denn worauf es bei einer festen zweifellosen Gotteserkenntniss vorzüglich ankommt, was nicht nur den festesten Stützpunkt in ihr bildet, sondern sie auch erst zum vollendeten Abschlusse bringt, ist: Die rein geistige, freie Persönlichkeit Gottes, und in Folge derselben die von der Welt wesentlich verschiedene und vor der Welt bestehende Existenz, aber auch wieder nach der Weltschöpfung die grenzenlose Unermesslichkeit und Alles wesenhaft durchdringende Allgegenwart Gottes.

Diese Eigenschaften sucht der Mensch, suchten die beiden grossen Philosophen Griechenlands, die Repraesentanten der natürlichen Vernunfterkenntniss Gottes, auf dem Wege der natürlichen Forschung vergebens. Nicht einmal dem Namen nach finden wir sie bei ihnen; oder wenn sie auch diesen oder jenen ähnlichen Ausdruck gebrauchen, so hat er nach ihren philosophischen Grundanschauungen eine von der unsern ganz abweichende, oft ganz entgegengesetzte Bedeutung.

Wohl haben Platon und Aristoteles die Existenz Gottes erkannt und begründet; aber wenn es sich darum handelte, den Gott, den sie als Resultat und Abschluss ihrer wissenschaftlichen Forschungen oder ihrer Wissenschaft überhaupt aufstellten und von dem sie gar Herrliches aussagten, in das rechte Verhältniss zur Welt und zu den Menschen insbesondere zu bringen, kam alsbald die schwächliche Armseligkeit ihrer mit staunenswerther Geisteskraft errungenen Gotteserkenntniss an den Tag. Platons höchste Idee, Gott, ist in allen übrigen Ideen und Realisirungen derselben das eigentlich Seiende, die die Welt beseelende Kraft, die Weltseele und auch der Menschengeist ist ein verwandtschaftlicher Funke von ihr. Aristoteles erstes bewegende Unbewegte, Gott, liegt um die Grenzen des äussersten Himmels herum, und wir sind von ihm selbst ausser einiger Vergleiche und Bilder mit dem Feldherrn und seinem Kriegsheere, dem Automaten-Künstler und seinen Figuren über das Verhältniss desselben zur Welt ganz im Unklaren gelassen worden. Dieser wie jener, wenn wir nach ihrem gesammten Systeme das Einzelne deuten, scheint von einer Herabziehung Gottes in die Beschränktheit der endlichen Daseinsformen und von einer Vermischung und Identificirung des höchsten Wesens mit der Welt nicht frei geblieben zu sein.

„Würde die Sonne stets hinter den Wolken verborgen und nur aus dem dieselben durchdringenden Lichtschimmer wahrnehmbar sein, so würde sie kaum als ein freischwebendes Gestirn erkannt werden; man würde sie nur für einen unbestimmten Schimmer der Wolken selbst halten. So lag auch der philosophischen Anschauung des Heidenthums die Verirrung ganz nahe, Gott, der ihr nicht für sich, nicht in persönlicher Offenbarung, sondern nur aus den Erscheinungen in der Natur bekannt war, mit der Natur, in welche man die Strahlen seines Waltens hineinschimmern sah, zusammenfallen zu lassen." [1])

Und was von der philosophischen Anschauung des Heidenthums gilt, das gilt nicht minder von der Philosophie überhaupt, wenn sie von allem Christenthume absieht. Eben diess war und ist wohl noch der Grund, warum der Mensch, sich überlassen, fern von der Offenbarungsquelle und verlassen von der Gnade, Gott bald wieder verliert, wenn er ihn gefunden hat. Um erst gar nicht wieder zu erwähnen die Wucht der Sündenlast, die zum Irdischen niederzieht und in fleischliche Lüste verstrickt; um nicht zu erwähnen den Zauber der äussern Dinge, die die Sinne fesseln und den Geist umdüstern; um endlich nicht zu erwähnen die zur Verwunderung hinreissende Kraft in den grossartigen Naturerscheinungen, die dem Menschen seine Abhängigkeit fühlen lässt und denselben sich unterwirft, so kann derselbe nur schwer oder gar nicht zum Bewusstsein eines Gottes sich erheben, der ein von der Welt verschiedenes, doch zugleich auch überall gegenwärtiges, ein allein ewiges und doch keiner Veränderung unterworfenes, rein geistiges, frei persönliches Wesen ist.

Mochten darum auch einige weise Männer des Heidenthums vollkommener, als unzählig andere, das Licht der Wahrheit geschaut und es in ihrer nächsten Umgebung zu verbreiten Verlangen getragen haben, für die herrschende Finsterniss, die auf der Erde lagerte, war es (sie fühlten es wohl selbst) zu schwach und kraftlos, ihre Rede, der Sache nach unsicher und mangelhaft, ward von dem Lärme rauschender Götterculte übertönt und von der wilden Lust nächtiger Orgien in den lüsternen Menschenherzen spurlos ausgelöscht.

Wie ganz anders, wie unendlich bestimmter, gewisser, eindring-

---

[1]) Siehe zu dem über Platon und Aristoteles Gesagtem: Das philos. Syst. Platons §. 9 von Dr. Becker; und in „der Katholik", (theolog. Zeitschrift von 1865, Juni und August): Das Verhältniss der Aristotel. Philos. zur Religion.

licher, vollständiger und allen Menschen fasslicher belehrt nicht die Offenbarung über Gottes Eigenschaften und Dasein.

Da ist Gott nicht bloss der Höchstmächtige, sondern der Allmächtige, der unendlich Mächtige, der Alles erschaffen hat und, was es noch Mögliches und immer Vollkommeneres gibt, hervorbringen kann und, um es hervorzubringen, nur zu wollen braucht. „Nichts ist ihm unmöglich."[1] „Er sprach und es ward; er befahl, und es wurde geschaffen." [2]

Da ist er nicht bloss der höchst weise, sondern die Allwissenheit und Weisheit selber, die auf die vollkommenste Weise von Ewigkeit her durch einen einzigen Act mit einem Male und zugleich aus sich selbst alles nur irgendwie Erkennbare schaut und darum Alles auf das Beste einzurichten weiss, um, was sie will, zu erreichen. „Seine Weisheit ist unbegrenzt."[3] „Und alle Weisheit ist vom Herrn, von Gott, und mit ihm war sie alle Zeit." [4]

Da ist er nicht bloss gütig, sondern zuvorkommend, allgemein, unendlich gütig, die Güte selbst. „Er gibt Allem Leben und Odem und Alles." [5] „Er ist jedem Vater, da er Alles gemacht und erschaffen hat." [6]

Da ist er nicht bloss der gerechte Vergelter, wie er nach dem Laufe und dem Wechsel menschlicher Schicksale mehr ersehnt, als wahrgenommen wird, sondern die Gerechtigkeit selbst, die jedes unnütze Wort richtet, das geringste gute Werk, einen Trunk kalten Wassers, dem Nächsten im Namen eines seiner Jünger gereicht, nicht unbelohnt lässt und ohne Ansehen der Person einen jeden richtet nach seinen Werken.

Nun, angelangt an den Grenzmarken menschlicher Erkenntniss, wo die Vernunft vor undurchdringlichem Dunkel steht, fasst sie die Offenbarung bei der Hand, führt sie als sichere Leiterin durch alle Höhen und Tiefen der unergründlichen Wesenheit Gottes und zeigt ihren staunenden Blicken noch manch' andere, bisher nicht erkannte, unbegreifliche Vollkommenheiten.

„Dem israelitischen Volke trat Gott mit den Worten entgegen: Höre Israel, der Herr, dein Gott, ist ein einziger Gott. [7] In diesen Worten ist die Persönlichkeit Gottes thatsächlich ausgesprochen. Und im neuen Testamente wird dieselbe in den lebendigsten Zügen und in

---

[1] Luc. 1, 37.
[2] Psalm 146, 5.
[3] Psalm 32, 9.
[4] Eccl. 1, 1.
[5] Act. 17, 25.
[6] Deut. 32, 6.
[7] Deut. 52, 39.

den klarsten Aussprüchen geoffenbart. Wer in dieses Offenbarungslicht eingetreten ist, dem ist die Persönlichkeit Gottes so klar, wie die Existenz der Sonne, wenn sie hinter den Wolken hervorgetreten, sich im vollen Glanze ihrer Strahlen zeigt." [1]

Der Samariterin antwortete Christus auf den vorgelegten Zweifel, ob Gott auf dem Berge Garizim oder in Jerusalem anzubeten sei: „Es kommt die Stunde und ist schon da, wo die wahren Anbeter den Vater im Geiste und in der Wahrheit anbeten; Gott ist ein Geist, und die ihn anbeten, müssen ihn im Geiste und in der Wahrheit anbeten."

Hiemit ist die reine Geistigkeit Gottes ausdrücklich gelehrt und jede Körperlichkeit ausgeschlossen. Denn wäre letztere auch noch so fein und ungreifbar, wie die Luft oder der Aether, so würde doch, was eben Christus durchaus in Abrede stellt, eine an gewisse Orte gebundene und insofern mehr materielle Verehrung und Anbetung dem Wesen Gottes mehr entsprechen.

Und dieser rein geistige, persönliche Gott ist in jedem Momente, im ganzen und vollkommenen Besitz eines anfangs- und endlosen Lebens, Gott von Ewigkeit zu Ewigkeit, und rief erst in der Zeit, einzig zufolge seines ewigen freien Willensentschlusses, Alles in's Dasein, wie es so schön der gotterleuchtete, königliche Sänger sagt: „Im Anfange, spricht er, hast du, o Herr, die Erde gegründet und die Werke deiner Hände sind die Himmel. Dieselben vergehen, du aber bleibst; sie alle veralten wie ein Kleid, und wie ein Gewand veränderst du sie, und sie werden verändert: du aber bist derselbe und deine Jahre nehmen kein Ende." [2] „Und der Herr macht Alles, was er will, im Himmel und auf Erden." [3]

Aber trotz der unübersehbaren Mannigfaltigkeit und der unerfasslichen Vollkommenheit des Schaffens und der Geschöpfe Gottes findet sich in ihm nicht einmal ein Schatten, ein Bild der Wandelbarkeit. „Bei ihm ist kein Wechsel und kein Schatten von Veränderung." [4]

Die Welt ist; sie ist „gut", ja „sehr gut"; [5] unmessbar dehnt sich ihre Länge, Breite und Höhe aus; Reichthum, Kraftfülle, Schönheit und Anmuth von fast unwiderstehlichem Zauber sind mit verschwenderischer Hand in ihr ausgestreut. Doch was ist das Alles gegen Gott? — „Ich bin, der ich bin," sprach Gott zu Moses, [6] und wollte damit sagen, dass er „wie ein unermessliches Meer des Seins in sich alles

---

[1] Das philos. System Platons von Dr. D. Becker, l. c.
[2] Psalm 101, 26—28.
[3] Psalm 134, 6.
[4] Jac. 1, 17.
[5] Gen. 1.
[6] Exod. 13, 14.

Sein umfasst."[1] Alle Dinge sind, als wären sie nicht, da Gott sein eigenes und aller Dinge Sein ist. — „Niemand ist gut, als Gott allein,"[2] sagt Christus. Alle übrigen Dinge sind von der Natur der Güte selbst geschieden und besitzen nur Güte, insofern sie an Gottes Güte Theil haben. — Die unmessbare Grösse der Welt, deren Reichthum und Kraftfülle schwinden vor Gott in Nichts zusammen. „Wer mass, heisst es bei Isaias, mit der hohlen Hand die Gewässer und wog die Himmel mit der flachen Hand? Wer fasste mit drei Fingern der Erde Last und wog die Berge mit einem Gewichte, die Hügel mit einer Wage? Siehe die Völker sind dem Tropfen gleich am Eimer und wie Stäubchen an der Wage geachtet, siehe die Inseln wie winziger Staub?"[3] Im Vergleich mit Gott ist das Weltall gleich Stäubchen, die im Sonnenglanze spielen. Und was den Zauber geschöpflicher Schönheit und Anmuth anbelangt, so ist diese nur ein schwaches Bild, ein matter Strahl, ein Schatten, ja bloss der Schatten vom Schatten der unerschaffenen göttlichen Schönheit.

Aber so unendlich verschieden von allen Dingen und hoch erhaben über dieselben Gott auch immerhin sein mag, er ist doch in allen wesenhaft zugegen, er ist jedem Wesen innerlicher, als dieses sich selbst; ganz und ungetheilt existirt er in jedem Wesen, an jedem Ort; ganz und ungetheilt im Ganzen. Und weit entfernt, vom All eingeschlossen zu sein, umschliesst er vielmehr Alles; anstatt im All, wie in einem Orte sich zu befinden, ist er vielmehr der Ort von Allem: das ganze Universum in Gottes Wesenheit ist ein kleiner Schwamm im unermesslichen Ocean. „In ihm (in Gott) leben wir, bewegen wir uns und sind wir."[4]

In diesem Lichtmeer der Offenbarung, wo „ein Abgrund dem andern zuruft",[5] erscheint uns Gottes unendliche Majestät und Glorie in fast erdrückendem Glanze. Und wenn in diesem Lichte uns auch noch nicht gegönnt ist, Gott zu schauen, wie er ist; und wenn auch ein anderes Dunkel, das Dunkel der Geheimnisse vor unserm blöden Geistesauge undurchdringlich überall sich ausbreitet, so erkennen wir dennoch Gott in seinen Vollkommenheiten mit vollkommenster Klarheit und zweifelloser Gewissheit.

Und weil diese übernatürliche Gotteserkenntniss so lichtvoll, so sicher und gewiss, so überzeugend und dem Menschen angemessen, so

---

[1] Joh. Damasc. l. I, c. 12.
[2] Matth. 19, 17.
[3] Isai 40.
[4] Act. 17, 27.
[5] Psalm 41, 8.

vollkommen und abgeschlossen ist, schliesst sich daran oder ist darin auch ein so fester, zweifelloser, unerschütterlicher Glaube an das Dasein Gottes eingeschlossen, so dass ihn keine Sophistik, die an den Vernunftbeweisen dafür rüttelt und sie in ihrer Haltlosigkeit scheinbar bloslegt, wankend machen oder gar vernichten könnte.

Auch thatsächlich, sagten wir, ist Gottes Dasein geoffenbart. Das Offenbarungswerk selbst legt hiefür das beredteste Zeugniss ab.

Schon von dem Dasein und der Gegenwart eines gewissen Menschen kann man sich nicht besser und gründlicher überzeugen, als wenn man solche Werke und Thaten wahrnimmt, die nur er zu verrichten im Stande ist. Und was von Menschen gilt, das sollte nicht mit mehr Grund von Gott gelten? Wollte man Gott das Vermögen absprechen, durch ihm nur zukommende Werke sein Dasein zu bekunden, und zwar auf eine Weise zu bekunden, dass es Jedermann erkennen muss, während man es dem Menschen im vollen Masse zugesteht? — Ist es doch bei der natürlichen Gotteserkenntniss eben dieser und kein anderer Weg, wodurch er uns zur Kenntniss seines Daseins hinführt und, so zu sagen nöthigt. Aus den Werken in und um uns schliessen wir auf deren Werkmeister, auf Gott, da sie die Spuren ihres Ursprunges von ihm unverkennbar auf- und eingeprägt an sich tragen und nur von ihm herrühren können. Denn erschaut durch die leiblichen Sinne kann Gott niemals werden. Wenn aber Gott durch die natürliche Ordnung der Dinge, die er gegründet, dem Menschen sich kundgeben, ihn über sein Dasein und seine Eigenschaften so belehren kann, dass er sie nicht zu verkennen im Stande ist, wird er es nicht auch durch ausserordentliche Werke auf übernatürliche Weise zu thun vermögen?

Ja dieser Weg ist der Natur und dem Bedürfnisse des Menschen sogar mehr angemessen.

Der Mensch ist vorwiegend Sinneswesen. Vom sinnlich Wahrnehmbaren erhebt er sich zum Geistigen, vom Natürlichen zum Uebernatürlichen, von der Welt zu Gott. Aber das Alltägliche, Gewöhnliche lässt ihn bald unberührt, die Sinne werden dafür abgestumpft, die Empfänglichkeit wird geschwächt. Nur Ungewöhnliches, Ausserordentliches, die Kräfte der Natur Übersteigendes vermag ihn endlich noch anzuregen und seine Aufmerksamkeit auf ein dem Bewusstsein längst entschwundenes Object der Erkenntniss wieder auf die Dauer hinzulenken. Und diess gilt zunächst und vorzüglich von Gott.

Das überhandnehmende Verderben der Sünde hatte die Menschen alsbald so stumpfsinnig und unempfänglich für alles Höhere gemacht, dass sie an den klarsten und lautesten Zeugnissen der Natur und des Gewissens für Gott unberührt und gefühllos vorübergingen. Nur mehr, was sie mit den Augen sahen, mit den Ohren hörten, mit den Händen tasteten und zeitweise in imposanter Grösse und mit erschütterndem Eindrucke auf sie eindrang und einstürmte, wirkte auf sie mit dem verfälschten Ansehen eines Höhern und galt ihnen für Gott oder Göttliches. Es schien sich hiemit selbst die Nothwendigkeit eingestellt zu haben, dass der einzig wahre Gott auf eine sinnenfällige und zugleich ausserordentliche Weise der Menschheit sich von Zeit zu Zeit wahrnehmbar machte. Wohl konnte diess nicht in der Weise geschehen, dass eine solche Kundgebung jedem Menschen zu Theil geworden wäre, da diess den Zweck einer solchen Mittheilung wieder vereitelt hätte. Denn dadurch wäre das Ausserordentliche zum Ordentlichen und Gewöhnlichen geworden, das, wie früher das Ordentliche, von den Menschen nach und nach unbeachtet geblieben wäre. Was darum jedem Menschen nicht wohl gegönnt werden konnte, das würdigte sich Gott einigen Wenigen mitzutheilen.

Und Gott, der Allgütige, hat gleich im Anfange des Menschengeschlechts dem ersten Elternpaare sich kundgegeben, später zu den Patriarchen geredet, dann durch Moses zum israelitischen Volke gesprochen, und endlich in der Fülle der Zeit durch seinen eingebornen Sohn Jesus Christus alle Wahrheit den Menschen geoffenbart; und er hat dieses stets auf eine ausserordentliche, übernatürliche Weise gethan, indem er seine Offenbarungen durch zahlreiche Theophanien, Wunder und Weissagungen unläugbar als göttliche bekräftigte und besiegelte.

Aber eben eine solche Offenbarung, begleitet von Wundern, die über jede geschaffene Kraft hinausgehende sinnenfällige Ereignisse sind, überwältigte und brach selbst den hartnäckigsten Sinn der im Irdischen und Fleischlichen versunkenen Menschen. Sie zwang dieselben, den sich also offenbarenden Gott für den einzig wahren Gott zu halten. Sie nöthigte dieselben, festzuhalten an dem so gewaltigen Gott oder zu ihm wieder zurückzukehren, wenn sie fremden Göttern nachgehangen waren. Sie war der vorzüglichste Grund der allgemeinen Ueberzeugung, dass es einen Gott gebe, da sich die ausserordentliche Thatsache der Uroffenbarung in der Folge nie ganz spurlos verlieren konnte.

Auch von Christus an bis auf den heutigen Tag wurzelt die Ueberzeugung von der Existenz Gottes in den Gemüthern Aller, die an ihn glauben, einzig darum so fest und unerschütterlich, weil er sich durch ihn, seinen eingebornen Sohn unter zahlreichen Wundern und Weissagungen geoffenbart hat, wenn sie gleich keinen einzigen Beweis dafür zu geben, nicht einmal zu fassen vermögen, oder trotzdem viele, alle Beweise dafür jederzeit schlagfertig zu entwickeln im Stande sind.

Freilich ist diess nicht der Glaube an das abstracte Dasein Gottes allein mit Ausschluss aller übrigen von Gott bekannten Wahrheiten; es ist diess vielmehr der Glaube an den mit dem ganzen Offenbarungsinhalt erfüllten Begriff Gottes; es ist der Glaube, der zum Prinzipe, zum Motive und zum Gegenstande Gott hat und darum der theologische heisst; es ist der Glaube, der das Fundament, der Anfang und die Quelle der Rechtfertigung ist und durch die Hoffnung und Liebe zu Gott aufstrebt; es ist zu diesem Ende insbesondere der Glaube an Gott, den höchst Gerechten, den Allgütigen und Allbarmherzigen, an Gott, den Spender der Gnade und den Urheber unserer einstigen Glorie; kurz, es ist der Glaube, von dem der Apostel spricht: „Ohne Glaube ist es unmöglich, Gott zu gefallen; denn wer zu Gott kommen will, muss glauben, dass er ist (auctor gratiae), und dass er denen, die an ihn Glauben, ein Vergelter (auctor gloriae) ist." [1]

Mit vollstem Rechte zählen wir daher die Wahrheit von Gottes Dasein unter die Offenbarungslehren.

Sie ist aber auch Glaubenswahrheit und steht als solche an der Spitze der Dogmen, deren Fundament sie zugleich bildet.

Allerdings wurde sie von der Kirche nie ausdrücklich und feierlich dazu erklärt; aber wenn von einer, so gilt es von dieser Offenbarungslehre, dass sie durch die beständige und allgemeine Uebereinstimmung der Kirche dazu erhoben worden ist. Die bei weitem grösste Anzahl der Christen, oder besser, alle Christen glauben, dass es einen Gott gebe, weil Gott sich geoffenbart hat, und haben es von jeher geglaubt, welcher Glauben sich freilich bei den Meisten zum Glauben an Gott sich steigert und steigern soll, das will sagen: mit diesem Glauben verbindet sich stets eine Hingebung an Gott, ein Aufstreben zu Gott.

Die Atheisten galten von jeher ausgeschlossen aus der Kirche und ihre Lehre galt für verdammt. Doch da ihre Zahl leicht begreiflicher Weise nie sehr anwuchs, noch je eine bedeutende Secte bildete, fand sich die Kirche nie in die Nothwendigkeit versetzt, ihren Irrthum ausdrücklich und feierlich zu verdammen und die entgegengesetzte Wahrheit als Dogma zu definiren.

Auch darf nicht unerwähnt bleiben, dass die Kirche in allen ihren Glaubensbekenntnissen den Glauben an einen Gott voranstellt. Wenn hiemit auch mehr als der Glaube an das blosse Dasein Gottes ausgedrückt sein soll, so ist es doch mitbezeichnet; und Niemand wird uns grosse Schwierigkeiten machen, wenn wir behaupten, dass es die Kirche mit auszusprechen intendirte.

Dass dessenungeachtet die hl. Schrift und die Kirche grosses Ge-

---

[1] Hebr. 11, 6.

wicht auf die Vernunftbeweise für Gottes Dasein legen, hat ausser Anderm seinen Grund in ihrer Stellung zu den heidnischen Systemen des Polytheismus, Pantheismus, Semipantheismus und Materialismus, die alle, als Vorstufen zum Atheismus hinführen. Um das Unhaltbare und den Unsinn dieser Systeme und zugleich die Unentschuldbarkeit ihrer Anhänger und Vertreter recht einleuchtend darzulegen, weisen sie wiederholt und nachdrücklichst darauf hin, dass der einzig wahre Gott selbst von der Vernunft allein schon leicht und sicher erkannt werden könne.

Das Dasein Gottes kann endlich auch Gegenstand des Wissens und Glaubens in einem und demselben Subjecte sein.

Nach der Feststellung der beiden ersten Punkte: dass Gottes Dasein Gegenstand des Wissens und dass es auch Gegenstand des Glaubens sei, versteht sich dieser eigentlich von selbst, indem es sich ja nicht widerspricht, dass etwas Gegenstand des Wissens und Glaubens in einem und demselben Subjecte zugleich sei. Von demselben Gegenstande kann man nämlich aus verschiedenen Gründen: einmal zufolge innerer Einsicht, und dann auch auf Grund der Auctorität eines Andern Gewissheit und Überzeugung erlangen. —

Was aber das Verhältniss des Wissens zum Glauben bei der fraglichen Wahrheit von Gottes Dasein anbelangt, so ist es ganz dasselbe, das zwischen Wissen und Glauben, Vernunft und Offenbarung, Philosophie und Theologie überhaupt besteht. Was das Wissen, die Vernunft auf dem sittlichen, religiösen Gebiete erkennt, das findet sich im Glauben, in der Offenbarung umständlicher, gewisser, vollkommener und begründeter dargelegt, und es muss sich darum die Schwäche des Wissens an der Offenbarung aufrichten, erstarken, in ihr beruhigen und befriedigen.

Das Dasein Gottes ist, wie oben nachgewiesen wurde, Gegenstand des Wissens. Aber welches ist die Gewissheit desselben? — Es ist eine Gewissheit, die dasselbe als Vernunftserkenntniss besitzt. Wir zweifeln durchaus nicht an der Verlässlichkeit der geistigen Schlusskraft im Menschen. Allein diese Gewissheit streift hart an die Grenzen der wenn auch grössten Wahrscheinlichkeit. Und was der Mensch überdiess noch von Gott durch die Vernunft erfasst, — denn dadurch denkt er den existirenden Gott und davon ist die Gewissheit der Existenz selbst bedingt, — wie gering, wie unbestimmt, wie unzulänglich, wie unbefriedigend ist es! Es ist hinreichend, dass der Mensch nicht entschuldigt sei, wenn er Gott nicht ehrt, wie er es verdient; aber es ist doch wieder zu wenig wirksam, um ihn der Macht der Sinnlichkeit und dem Zauber der äussern Dinge zu entreissen.

Desswegen war für den Menschen die übernatürliche Offenbarung über Gottes Dasein und Eigenschaften nothwendig, dass er hierüber höhere Gewissheit und vollkommenere Belehrung, oder besser höhere Gewissheit in der vollkommeneren Belehrung erhalte. Es ist daher Gott in seinem Dasein und seinen Eigenschaften überall, wo er unentwendbares Eigenthum des Geistes und Herzens ist, Gegenstand des Glaubens. Dieser Glaube kann, ja soll nebstbei, wo es möglich ist, in das Wissen übergehen, um einerseits sich selbst Rechenschaft über seinen Glauben zu geben und andrerseits um die Thorheit der Gottesläugnung, unter welcher Form sie immer auftritt, recht augenscheinlich darlegen zu können.

P. Matthaeus Lerch.

Die Lobkowitzischen und die neuen Komotauer Studentenstiftungen.

Vom Direktor.

Die genannten Stiftungen waren seit der Aufhebung des Prager Convictes der Anlass zu so vielen Anfragen, ja selbst auch Klagen und Vorwürfen, dass ich mich aufgefordert fühlte, über den Charakter derselben mich gründlicher zu belehren und ihre Geschichte genauer zu erforschen. Da fand ich, dass sie hinsichtlich ihres Ursprunges in engster Beziehung zu dem Convicte stehen, das in Komotau neben dem Gymnasium academicum der Jesuiten durch einen Zeitraum von beinahe zwei Jahrhunderten bestand; die Errichtung dieses Convictes rief nämlich die **lobkowitzischen Stiftungen** ins Leben, und die Aufhebung desselben bot die Mittel zur Begründung der **neuen komotauer Stiftungen**.

Ich habe daher aus der Geschichte des komotauer Convictes in die folgenden Zeilen jene Data aufgenommen, die sich auf den Ursprung, die Erhaltung und Verleihung der lobkowitzischen Stiftungen beziehen.

Georg Popel Freiherr von Lobkowitz, Kaiser Rudolph II. Rath und der Krone Böhmens oberster Landhofmeister, Herr auf Komotau, Litschkau, Melnik und Libochowitz, der Stifter des Jesuitencollegium in der ihm unterthänigen Stadt Komotau, legte daselbst am 24. März 1591 auch den Grundstein zu einem Hause für arme studierende Jünglinge (domus pauperum),[1] dem die Väter der Gesellschaft Jesu, deren Leitung die neue Anstalt gleichfalls anvertraut wurde, den Namen Seminarium Sancti Francisci Xaverii gaben. Diesem Hause widmete der Stifter die jährliche Rente von 1000 Meissner Schock; hievon sollten, soweit diese Summe nach dem Preise der Lebensmittel reichen würde, etwa bis 100 Jünglinge unentgeltliche Verpflegung erhalten. Das volle Recht der Aufnahme wurde dem jeweiligen Rector übertragen; nur sollten die Zög-

---

[1] Das gegenwärtige Gymnasialgebäude, das jedoch in den jüngsten 50 Jahren durch Anbau und Umbau vielfache Veränderungen erfahren hat.

linge vorzugsweise Kinder von Unterthanen des Stifters sein; damit jedoch seine Wohlthat auch auf Auswärtige sich erstrecke, so durften 20 Jünglinge auch von woimmerher aufgenommen werden. Kaiser Rudolph II. hatte durch zwei Diplome (vom 1. Okt. 1591 und vom 25. Jan. 1592) Popels Stiftungen ihrem ganzen Inhalte nach genehmiget. Daher blieb die im Jahre 1594 erfolgte Verhaftung des Stifters und die Confiscation seiner Besitzungen im ganzen ohne störenden Einfluss auf das Gedeihen der eben begründeten Institute. Es konnte zwar der von Popel gefasste grossartige Entschluss, in Komotau ein vollständiges Collegium oder eine Universität des Ordens zu errichten und zu dotieren, nicht weiter zur Ausführung gelangen, aber das Collegium und das Seminar waren durch die kaiserliche Bestätigung des Hauptstiftungs-Instrumentes im rechtsgiltigen Besitze der ihnen zugewiesenen Jahresbezüge. Diese waren für das Collegium aus der herrschaftlichen Rentkassa ausgeschieden und 14 Ortschaften hatten ihre bisher dem Gutsherrn zu leistenden Zinsungen jährlich in zwei Raten dem Collegium unmittelbar zu zahlen, für das Seminar hatte der Stifter eine ähnliche Dotationsurkunde versprochen, aber sie entweder nicht verfasst oder wenigstens nicht verbüchern lassen. Bis zum Jahre 1594 hatte die Auslagen für das noch im Entwicklungsprocesse begriffene Seminar der Stifter selbst getragen. Durch die Confiscation seiner Besitzungen ging somit die Verbindlichkeit, die derselbe gegen das Seminar auf sich genommen hatte, auf die kön. böhm. Kammer über, und diese Verbindlichkeit verblieb derselben fortan, weil sie bei dem bald darauf erfolgten Verkaufe der confiscirten lobkowitzischen Güter auf keinen der Käufer abgewälzt wurde.

Die Geschichte des komotauer Seminars vom Jahre 1591 bis zum Jahre 1650 ist in Dunkel gehüllt. Die im Gymnasialarchive vorhandenen Quellen bieten sonst keine Aufschlüsse, als dass das Haus während dieses Zeitraumes acht Vorsteher hatte und zu wiederholten Malen geschlossen war: so von 1618—1622 während der Verbannung der Jesuiten aus Böhmen; von 1631—1634, dann 1659, wie auch in den letzten Jahren des dreissigjährigen Krieges wegen der Einfälle und Streifereien der Feinde. Die 1000 Schock zum Unterhalte armer Jünglinge im Seminar sollen unter den Kaisern Rudolph und Mathias aus den königlichen Kameraleinkünften richtig bezahlt worden, aber unter Ferdinand II. während des dreissigjährigen Krieges gänzlich ins Stocken gerathen sein.

Mit dem Jahre 1650 beginnt der Katalog des Seminars, der bis zum Jahre 1785 fortgeführt ist. Er enthält ein von Jahr zu Jahr fortlaufendes Verzeichniss der Vorsteher des Hauses (Regens und Subregens), der Seminaristen mit Beifügung ihres Geburtsortes und der Bemerkung:

Convictor oder Alumnus, und der gewöhnlich aus 5—6 Personen bestehenden Dienerschaft. Das Seminar erscheint nicht so sehr als ein Armenhaus, wie es etwa der Stifter zu gründen im Sinne hatte, sondern weit mehr als ein Convict, in welchem die Alumnen, d. i. diejenigen, die als Stiftlinge unentgeltliche Verpflegung geniessen, bloss den vierten bis fünften Theil bilden, während die übrigen, Convictoren genannt, ein Kostgeld zahlen, das verschieden war, je nachdem sie zum ersten, zweiten, dritten, vierten oder fünften Tisch gehörten; unter diesen waren öfters bis 15 Adelige, selbst Grafen mit ihrem Hofmeister und Bedienten.

Sogar der Name des Gründers des Seminars und der demselben gewidmeten Stiftung scheint ganz in Vergessenheit gerathen zu sein. Durch mehr als 30 Jahre giebt sich ein fortwährendes Schwanken in der Bezeichnung der Stiftlinge kund. So heissen sie im Jahre 1650 alumni regni (18 unter 79 Seminaristen), in den folgenden Jahren einfach alumni, im Jahre 1661 alumni popeliani (13 unter 93 S.), 1664 alumni caesarei (30 unter 114 S.), darauf wieder einfach alumni, unter diesen 4 bis 5 alumni regiae camerae oder a camera praesentati. Erst im Jahre 1686 erscheint die Bezeichnung alumni Lobkowitziani (32 unter 115 S.) und diese erhält sich dann ohne Unterbrechung bis zur Aufhebung des Seminars.

Es wurde bereits bemerkt, dass die Auszahlung der lobkowitzischen Stiftung während des dreissigjährigen Krieges ins Stocken gerathen war. Dasselbe Loos hatte auch andere fromme Stiftungen in Komotau getroffen, die aus den Zeiten des Georg Popel von Lobkowitz herrührten. Um diese wieder in Fluss zu bringen, wurde nach dem Abschlusse des westphälischen Friedens sowohl vom Jesuitencollegium als auch vom Magistrate zu Komotau bei der kön. böhm. Kammer wiederholt Beschwerde geführt, bis es im Jahre 1677 zur Behandlung eines Vergleiches kam, in welchem jener Punkt, der sich auf das Seminar bezieht, also lautet:

„Bezüglich der 1000 Schock für die domum pauperum hat man sich dahin verglichen, dass der hievon hinterstellig verbliebene Rückstand bis zum Ende des Jahres 1676 nachgesehen, solche 1000 Schock aber vor Einigung des Jahres 1677 ordentlich bezahlet und abgeführet werden sollen."

Dieser Vergleich kam zwar nicht seinem ganzen Inhalte nach zur Ausführung, weil der Rector eines anderen Punktes wegen das ihm zugeschickte Exemplar der Vergleichsurkunde nicht unterfertigte; dass aber die kön. böhm. Kammer von jener Zeit an ihrer Verbindlichkeit gegen das Seminar genau nachkam, beweist folgende Stelle in einer Resolution derselben vom 7. März 1690:

„Nachdem es sich befunden, dass die jährlichen 1000 Schock ins Seminar richtig bezahlt worden seien, so soll in Zukunft, damit alle Confusion verhütet werde, der Rector quartalweis pro Seminario quittiren." Hiemit war die Sache in einen geregelten Gang gebracht, der bis zur Aufhebung des Jesuitenordens keine Störung mehr erlitt.

Von dem Rechte der Aufnahme in die lobkowitzischen Stiftungen machten die Rectoren den freiesten Gebrauch, ohne sich sonderlich an den Wortlaut des Stiftsbriefes zu binden. Nach dem Jahre 1686 befinden sich unter den Seminaristen jährlich 30 bis 50 lobkowitzische Stiftlinge, aber unter diesen sind, ihren Geburtsorten nach zu schliessen, selten mehr als der vierte oder fünfte Theil „Söhne von des Stifters Unterthanen"; es erscheinen, um der Dörfer gar nicht zu gedenken, unter den Geburtsstädten derselben Saaz, Postelberg, Maschau, Radonitz, Podersam, Luditz, Kaaden, Klösterle, Joachimsthal, Karlsbad, Elbogen, Falkenau, Pressnitz, Weipert, Kupferberg, Kralup, Brüx, Bilin, Seestadtl, Dux, Teplitz, Aussig, Schluckenau, Rumburg ... fast eben so oft wie Komotau, Görkau, Eidlitz, Priesen, Katharinaberg, Sebastiansberg und Sonnenberg.[1]) Da die meisten Stiftlinge schon Schüler höherer Klassen sind, und unter den Seminaristen, welche die erste Gymnasialklasse besuchten (Parvistae), selten mehr als zwei Fundatisten vorkommen, so ist es sehr wahrscheinlich, dass man bei der Aufnahme ohne Rücksicht auf den Geburtsort jenen Bewerbern den Vorzug gab, die man ihrem Betragen und ihren Fortschritten nach für die würdigeren hielt. Auch wurden nicht alle Stiftlinge in den vollen Genuss des Stiftungsplatzes eingesetzt, sondern es gab auch solche, für welche bloss die Hälfte des Kostgeldes aus der Stiftung gezahlt wurde, während die andere Hälfte von den Eltern bestritten werden musste.[2]) Diese Uebung erhielt sich bis zur Aufhebung des Jesuitenordens (1773).

---

[1]) Zur Herrschaft Komotau gehörten die Städte und Flecken: Komotau, Görkau, Eidlitz, Priesen, Katharinaberg, Sonnenberg und Sebastiansberg; die Dörfer: Krima, Domina, Schönlinden, Wisset, Neudorf, Merzdorf, Dürnthal, Droschig, Nockowitz, Glüden, Tschoschl, Oberdorf, Michanitz, Udwitz, Schössl, Bürken, Drauschkowitz, Sporitz, Bran, Böswitz, Rothenhaus, Grünthal, Brandau, Kleinhaan, Rudelsdorf, Platten.

[2]) So waren 1772 unter 82 Seminaristen 40 lobk. Stiftl. (ganz 28, halb 12).

1766	„	71	„	39	„	„	„ 32,	„ 6.
1762	„	81	„	39	„	„	„ 26,	„ 13.
1752	„	71	„	39	„	„		
1742	„	86	„	33	„	„		
1732	„	74	„	40	„	„		
1722	„	89	„	41	„	„		
1712	„	107	„	48	„	„		
1702	„	101	„	33	„	„		
1692	„	95	„	52	„	„	„ 38	„ 14.

Nach dem Jahre 1775 führte der damalige Regens die Leitung des Seminars noch bis zum Jahre 1778 fort. Da wurde durch allerhöchsten Beschluss das komotauer Gymnasium aufgehoben, was auch die Schliessung des Seminars zur Folge hatte. Das Haus stand 1779 und 1780 leer. Inzwischen war es den Bemühungen der komotauer Bürgerschaft gelungen, die Wiedereröffnung beider Anstalten zu erwirken; die Leitung derselben wurde dem Orden der Dominikaner übertragen (1780). Im Jahre 1781 giebt es wieder 28 Convictoren, unter diesen zwei lobkowitzische Stiftlinge, die aber, wie es ausdrücklich angemerkt ist, schon vom früheren Regens aufgenommen worden waren.

Vom Jahre 1782 an übten auch die Dominikaner das Recht der Aufnahme in die lobkow. Stiftung aus, und es erscheinen im Verzeichnisse der Seminaristen 1782 = 25, 1783 = 29, 1784 = 24, 1785 = 23, 1786 = 17 lobkowitzische Fundatisten.

Im Jahre 1787 wurde das Gymnasium den Dominikanern entzogen und im Concurswege mit neuen Lehrern besetzt, das Seminar aufgehoben.

Die Stipendisten erhalten von nun an die Jahresbeträge (40 fl.) auf die Hand; der Genuss der Stiftung ist nicht mehr auf die Dauer der Gymnasialstudien beschränkt, sondern wird zunächst auch auf die philosophischen Studien ausgedehnt, doch muss darum von Fall zu Fall angesucht werden. (Gub.-Verordn. vom 24. Juli 1788.) Für jeden erledigten Platz hat der komotauer Gymnasialpräfect geeignete Jünglinge in Vorschlag zu bringen; die Bestätigung erfolgt durch kais. Hofdekret. Die Klassenverzeichnisse des komotauer Gymnasium enthalten 1788 = 23, 1789 = 23, 1790 = 19, 1791 = 21, 1792 = 18 lobkowitzische Stiftlinge.

Vom Jahre 1793 an werden die Stiftungen mit in die Fakultätsstudien hinübergenommen, weshalb die Zahl der lobkowitz. Stiftlinge am Gymnasium immer geringer wird und nie mehr die frühere Höhe erreicht. (1793 = 10, 1794 = 6, 1795 = 4, 1796 = 5, 1797 = 7, 1798 = 5, 1799 = 4, 1800 = 2, 1801 = 6.)

Die erledigten Plätze werden während dieser Zeit n u r Schülern des Komotauer Gymnasium v e r l i e h e n, u n d a n d i e s e s a u s s c h l i e s s l i c h ist der Stiftungsgenuss während der Gymnasialstudien gebunden. In einer Erklärung des k. k. Gubern. vom 3. Jan. 1795 heisst es: „es müssen künftighin jene, die eine lobkowitzische Stiftung ansuchen, im Voraus von den Lehrern belehrt werden, dass sie, falls sie diese Stiftung erhalten, die unteren lateinischen Schulen am komotauer Gymnasium studieren müssen, sowie auch diese Verbindlichkeit im Stiftungsdekrete auszudrücken ist; wo sodann jene, die dieser Verbindlichkeit, von der sie schon im Voraus belehrt wurden, sich nicht fügen sollten, der Stiftung würden verlustig werden." — Lobkowitzische Stiftlinge, die an ein anderes Gymnasium übersiedelten, erhalten die Weisung, „in Folge der Stiftungsvorschrift" sich an das komotauer Gymnasium zu begeben; ja, es werden lobkowitz. Stiftlinge selbst mit zweiter Fortgangsklasse im Stiftungsgenusse belassen, weil die zweite Klasse den Verlust einer Stiftung jure loci nicht nach sich ziehe. (Gub.-Erl. vom 23. Dez. 1796.)

Dagegen wird im Jahre 1801 (Gub.-Erl. 22. Aug.) der komotauer Lehrerversammlung bedeutet, dass „die Stiftungen jure loci von der Art seien, dass es zwar zur Erhaltung derselben nothwendig sei, von dem Orte geboren zu sein, nicht aber auch an demselben studieren zu müssen, um sie geniessen zu können."

War schon dadurch, dass der Stiftungsgenuss nicht mehr auf die Dauer der Gymnasialstudien beschränkt blieb, die Zahl der lobkowitzischen Stiftlinge am komotauer Gymnasium bedeutend vermindert worden, so bewirkte diese letzte von der frühern ganz abweichende Begriffsbestimmung und wohl auch die Noth der Kriegsjahre, dass die lobkowitzischen Stiftungsplätze daselbst eine Zeit lang ganz verschwanden.

Vom Jahre 1814 an participirt neben anderen Gymnasien Böhmens auch wieder das komotauer an den lobkowitzischen Stipendien; ja es wendet sich allmälig die Gunst der hohen Behörde dieser Lehranstalt in einem solchen Grade zu, dass vom Jahre 1821 bis 1825 zwanzig lobkowitz. Stiftungsplätze komotauer Gymnasialschülern zu theil werden, die zudem auch noch alle ohne Ausnahme geborne Komotauer sind.

Hierauf unterblieb eine Zeit lang (1826—1833) die Besetzung der erledigten Stipendien und es wurden aus der ganzen lobkowitzischen Stiftung zwei Plätze im neuerrichteten Prager Convicte gebildet. Aber auch hier wurde unter den Bewerbern auf Söhne ehemaliger Unterthanen des Stifters vorzugsweise Bedacht genommen, und es waren unter den 6 lobkowitzischen Convictoren (1834—1848) drei aus Komotau, einer aus Hruschowan (kom. Domin.), einer aus Litschkau und einer aus Hochchlumec gebürtig.

Nach der Aufhebung des Prager Convictes (1848) erhielten die Convictoren bis zu ihrem Austritt aus den Studien die Beträge, welche die Verwaltung des Hauses für ihre Verpflegung bezogen hatte, auf die Hand, und erst im Jahre 1857 wurden wieder alle jene Stiftungen, die bisher dem Prager Convicte einverleibt gewesen waren, nach dem damaligen Vermögensstande der betreffenden Stiftungsfonde in eine entsprechende Anzahl von Handstipendien zerlegt und als erledigt kundgemacht. Die Lobkowitzische Stiftung zerfiel in 25 Stiftungsplätze mit dem Genusse jährl. 50 fl. C. M. In der Ausschreibung zur Wiederbesetzung derselben heisst es: „Diese von Georg Popel von Lobkowitz … begründete Stiftung ist für arme Studierende mit vorzugsweiser Berücksichtigung der Söhne von ehemaligen Unterthanen des Stifters — durch alle Schulen bestimmt." Und durch Statth.-Dekr. vom 27. Aug. 1837 wurden 21 dieser Stiftungsplätze mit Schülern des komotauer Gymnasium besetzt, die sämmtlich von der ehemaligen Herrschaft Komotau waren (13 aus Komotau, 4 aus Eidlitz, je einer aus Görkau, Priesen, Trauschkowitz und Neudorf (kom. Dom.) Auch im Jahre 1862 fand die Verleihung von 8 lobkowitz. Stipendien an komotauer Gymnasialschüler in Folge der Concursausschreibung statt. — Erst seit dem Jahre 1863 werden diese Stiftungen mit Umgangnahme jeder Ausschreibung verliehen. (Statth.-Dekr. vom 17. März 1863 Z. 15438).

Ueber die Errichtung der „neuen komotauer Stiftung" findet sich im Gymnasialarchive nicht die leiseste Andeutung. Im Memorabilienbuche werden die ohnehin sehr spärlichen Notizen für das Jahr 1785 mitten im Satze abgebrochen und der nächste Berichterstatter beginnt mit dem Jahre 1788, ohne der Ereignisse in der Zwischenzeit auch nur mit einem Worte zu gedenken. Und doch wurde unterdessen das Seminar aufgehoben, und aus dem Vermögen desselben die obengenannte Stiftung begründet. Ich verdanke diese Nachricht einem Buche der hiesigen Gymnasial-Bibliothek, das den Titel führt: „Studentenstiftungen in Böhmen. Zum Dienste der Menschheit bekannt gemacht. Wien 1787." Dort heisst es unter der Aufschrift:

Neue komotauer Studentenstiftung.

„Auf höchsten Befehl vom 2. Sept. 1786 wurden aus den ersparten Stiftungskapitalien des aufgehobenen komotauer Seminariums und aus den Erträgnissen einiger Realitäten neue Stipendien für arme studierende Jünglinge errichtet, nämlich

Bestimmung für IX.
a. arme studierende Knaben.
b. durch die unteren Schulen.

An Realitäten:

An emphyteutisch vertheilten Gründen 40 Strich Felder, wovon 5 Strich Felder von der 1622 gemachten Esther Collinischen, dann 6 Strich von der Padtpuschischen Stiftung herrühren. Dermalen ist die jährliche Erträgniss 50 fl. [1])

---

[1]) Auf welche Weise das Seminar in den Besitz der übrigen 29 Strich gelangte, konnte ich bisher nicht ermitteln. Wahrscheinlich dürfte der Schadenersatz, den die Stadt dem Seminar nach Zurückberufung der Jesuiten durch Kaiser Ferdinand II. zahlen musste, zum Ankauf von Grundstücken verwendet worden

Kapital 11745 fl. [1]
Jährliches Stipendium für einen 50 fl."

Dass diese Stiftung, für welche ursprünglich komotauer Wohlthäter und die komotauer Renten den Fond geschaffen hatten, nach der Absicht der Regierung einen lokalen Charakter haben sollte, dürfte sich aus mehreren Umständen nicht mit Unwahrscheinlichkeit schliessen lassen. Für's erste erhielt sie den Namen „neue komotauer Stiftung"; als solche sollte sie sich gewiss der schon vorhandenen alten d. i. lobkowitzischen Stiftung anschliessen, deren lokaler Charakter zu jener Zeit nicht im mindesten angefochten wurde. Dann wurden bei der ersten Verleihung im Jahre 1787 5 Schüler des komotauer Gymnasium bedacht; mehr als 5 Plätze scheint man nicht besetzt zu haben. Endlich hatte der komotauer Gymnasialpräfect das Vorschlagsrecht und es wurde ihm zu diesem Zwecke die Erledigung der Plätze Fall für Fall angezeigt. An der zweiten Bestimmung „durch die unteren Schulen" hat man wohl gleich anfangs nicht fest gehalten.

---

sein. Im Jahre 1623 verpflichtete sich nämlich die Stadt, dem Seminario „3000 Schock für die Nutzungen und mittler Weile etwa von Handen gekommenen Fahrnusse zahlen zu wollen." — Diese Realitäten brachten dem Seminar ein ganz anderes Erträgniss (s. Anm. 2), als in der Stiftung angesetzt ist.

[1]) Durch kluge Gebahrung mit den Jahreseinnahmen war das Seminar allmälig auch in den Besitz von Kapitalien gelangt. So wurden fruchtbringend angelegt: im Jahre 1721 = 1500 fl.; 1722 = 700 fl.; 1723 = 1000 fl.; 1724 = 1000 fl.; 1725 = 2000 fl.; 1729 = 1000 fl.; 1730 = 1000 fl.; 1731 = 1000 fl.; 1732 = 900 fl.; 1733 = 500 fl.; 1734 = 500 fl.; 1735 = 700 fl.; 1736 = 410 fl. Diese Data sind entlehnt einem noch vorhandenen Journale des Seminars, das vom Jahre 1715 bis zum Jahre 1737 reicht. Nach diesem betrugen die Jahreseinnahmen

	im Jahre 1715	1725	1735
aus der k. Kammer	1166 fl. 40 kr.	1166 fl. 40 kr.	1166 fl. 40 kr.
von den Convictoren	1947 „ 15 „	1647 „ 29 „	1425 „ 15 „
an Interessen	76 „ — „	339 „ — „	1075 „ — „
aus dem Verkauf der Erträgnisse der Oekonomie	569 „ 36 „	589 „ 43 „	310 „ 53 „
für die Leichenbegängnisse	36 „ — „	27 „ 34 „	41 „ 41 „
Fundation der Choralisten	105 „ — „	105 „ — „	105 „ — „
Komotauer Zins	70 „ — „	70 „ — „	70 „ — „
Brüxer Zins	210 „ — „	210 „ — „	210 „ — „
Geschenke		22 „ — „	
Padltpusche Stiftung	142 „ 30 „	108 „ — „	
Wittig'sche „	42 „ — „	60 „ — „	
Peschke'sche „	30 „ — „	30 „ — „	
Jesorke'sche „	18 „ — „	18 „ — „	
Schmidleld'sche „	— „ — „	— „ — „	60 „ — „
Summa	4415 fl. 1 kr.	4394 fl. 28 kr.	3254 fl. 17 kr.

Auf diesem Wege kamen im Jahre 1796 wieder ein, 1798 zwei, und 1799 abermals zwei komotauer Gymnasiasten in den Genuss der komotauer Stiftung. Von da an verliert sich an dieser Lehranstalt durch ein Vierteljahrhundert jede Spur derselben, und erst im Jahre 1825 taucht wieder ein komotauer Stipendist daselbst auf. Und doch wurden im Jahre 1814 auf einmal 7 Plätze flott gemacht, und fanden bis zum Jahre 1824 noch 15 neue Besetzungen statt, wie es aus den Klassenverzeichnissen der Gymnasien Böhmens hervorgeht.

Auch diese Stiftung traf das Loos, dem Prager Convicte einverleibt zu werden; aber gerade hier findet sich die auffallende Erscheinung, dass sie während der ganzen Dauer dieses Convictes als komotauer Stiftung im engsten Sinne des Wortes behandelt wird, indem ausschliesslich nur Söhne komotauer Bürger in den Genuss derselben gesetzt werden. (1834 Löw Anselm, 1838 Schmidt Karl, 1842 Gellert Julius, 1847 Mann Jakob.)

Nach der Kundmachung vom Jahre 1857 zerfällt gegenwärtig die komotauer Stiftung in 5 Plätze mit dem Genusse jährlicher 90 fl. C. M., und ist bestimmt für arme studierende Knaben, ohne Bestimmung der Schulen.

Wenn es nun nicht selten der Fall ist, dass komotauer Bürger sich des Ausdruckes „unsere Stiftungen" bedienen und darunter die oben genannten lobkowitzischen und neuen komotauer Stiftungen verstehen, so dürfte dieses in dem Voranstehenden seine Berichtigung, aber auch seine Entschuldigung finden.

SCHUL-NACHRICHTEN.

Vom Direktor.

I. Der Lehrkörper.

A. Lehrer für die obligaten Gegenstände.

№	Name	Lehrgegenstand, Klasse, Stundenzahl	Gesammtzahl der Lehrstunden	Anmerkung
1	Timotheus Fassl	Griechisch VIII. 5.	5	Direktor.
2	Carl Feiler	Latein II. 8. Deutsch II. 3. Geogr. u. Gesch. II. 3, III. 3.	17	Ordinarius der II. Klasse.
3	Moriz Winkler	Latein VI. 6. Griechisch VI. 5, III. 5.	16	Ordinarius der VI. Klasse.
4	Johann Taft	Latein V. 6. Mathematik IV. 3, V. 4, VII. 3.	16	Ordinarius der V. Klasse.
5	Richard Schütky	Physik III. 2, IV. 3, VII. 3. VIII. 3. Mathematik II. 3, III. 3.	17	—
6	Thomas Seckl	Latein I. 8. Deutsch I. 3. Mathematik I. 3, VI. 3, VIII. 1.	18	Ordinarius der I. Klasse.
7	Ignaz Krahl	Geogr. u. Gesch. IV.—VIII. 15. Deutsch VIII. 3.	18	—
8	Nicolaus Braungarten	Latein IV. 6. Böhmisch II. 3, IV. 3, VI. bis VIII. 6.	18	Ordinarius der IV. Klasse.
9	Matthaeus Lerch	Religion V.—VIII. 9. Philos. Propäd. VII., VIII. 4. Deutsch VI. 3.	16	Ordinarius der VIII. Klasse.
10	Dominik Thiel	Latein III. 6. Deutsch III. 2. Naturgesch. I., II., V, VI. 8.	16	Ordinarius der III. Klasse.
11	Alfons Köhler	Religion I.—IV. 8. Deutsch IV. 2, V. 2. Geographie I. 3.	15	—
12	Ignaz Mašek	Latein VII. 5. Griechisch VII. 4. Böhmisch I. 3, III. 3, V. 2.	17	Ordinarius der VII. Klasse.
13	Josef Bittner	Latein VIII. 5. Griechisch IV. 4, V. 5. Deutsch VII. 3.	17	—

ANMERKUNG. Die unter 1—11 angeführten Lehrer sind Cistercienserordens-Priester aus dem Stifte Ossegg, 12 und 13 Lehramts-Candidaten weltlichen Standes.

B. Lehrer für die freien und theilweise obligaten Gegenstände:

H. Franz Peter, J. U. Dr., ertheilte Unterricht im Turnen.
(Die Schüler **Schreiter** und **Suffa** aus der VIII. Kl., **Fassl** und **Mayer** aus der VII. Kl., **Tschepper** und **Lorenz** aus der VI. Kl., erwiesen sich als sehr eifrige Vorturner.)

Joseph Bittner lehrte Stenographie, wöchentlich 2 Stunden.

Wenzl Beck, Lehrer an der Hauptschule, lehrte
 a) Z e i c h n e n, wöchentlich 2 Stunden,
 b) S c h ö n s c h r e i b e n, wöchentlich 4 Stunden.

Franz Müller, Musiklehrer, gab Unterricht im G e s a n g e, wöchentlich 2 Stunden.

II. Der Lehrplan.

A. Uebersicht

der in den einzelnen Klassen aus den alten Sprachen absolvirten Lektüre.

a) A u s l a t e i n i s c h e n K l a s s i k e r n: **VIII. Kl.**: Tac. Germania Ann. lib. III. — Hor. Carm. lib. I. Od. 1. 3. 4. 7. 10. 11. 12. 14. 15. 18. 20. 22. 34. 35. 37. II. 6. 13. 16. 17. 20. 24. 28. 29. 31. III. 1. 13. 30. — Sat. I, 9. II, 8. — Epist. 1, 2. **VII. Kl.**: Virg. Aen. VII. XI. XII. — Cic. oratio pro Sexto Roscio Amerino. **VI. Kl.**: Caesar. de bello civ. I. I. — Virg. Aen. II. VI. — Eclog. I. V. — Cic. I. in Catil. **V. Kl.**: Liv. lib. I. II. — Ovid. Metam. I. 89—415. XIII. 1—598. — Trist. I. IV. 10. **IV. Kl.**: Caes. de bello gall. lib. IV. V. VI. **III. Kl.**: Histor. antiqua ed. Hofmann lib. I. XI. XII.

b) A u s g r i e c h i s c h e n K l a s s i k e r n: **VIII. Kl.**: Platons Apologie des Sokrates. — Sophocles Antigone. **VII. Kl.**: Hom. Odyss. XIX. XX. XXI. — Demosth. I. II. III. Rede g. Philipp. **VI. Kl.**: Herodot. VIII. Buch — Hom. II. XVI. XXII. XXIV. Ges. **V. Kl.**: Xenoph. n. Schenkl's Chrestom. Kyrop. IV. XI. — Anab. I. — Com. III.

B. Schulbücher.

Religion: I. Kl.: Regensburger Katechismus. II. Kl.: Liturgik für die Gymnasien, Prag, Bellmann, 1857. III. & IV. Kl.: Biblische Geschichte des alten und neuen Bundes von Schuhmacher. V. Kl.: Frind, Apologetik. VI. VII. Kl.: Dr. Martin kath. Glaubens- und Sittenlehre. VIII. Kl.: Dr. Fessler, Geschichte der Kirche Christe.

Latein: I.—VIII. Kl.: Schinnagl's Sprachlehre. I. Kl.: Schinnagl's lat. Elementarbuch. II. Kl.: Schinnagl's Lesebuch. III. Kl.: Hoffmann's Historia antiqua. IV. Kl.: Caesar's de bell. gall. ed. Hoffmann. Ovids Metamorphosen ed. Grysar. V. Kl.: Livius ed. Grysar. Uebungen nach Schultz. VI. Kl.: Caesar de bell. civili ed. Hoffmann. Virgil ed. Hoffmann. Cicero ed. Linker. Uebungen nach Süpfle. VII. Kl.: Cicero und Virgil wie in der VI. Kl. VIII. Kl.: Tacitus ed. Halm. Horaz ed. Grysar.

Griechisch: Sprachlehre von Curtius III.—VIII. Kl. III. N. Kl. Schenkls Elementarbuch. V. Kl.: Schenkl's Chrestomathie aus Xenophon. Homer's Ilias ed. Hochegger. VI. Kl.: Herodot ed. Wilhelm. VII. Kl.: Homer's Odyssee ed. Pauly. Demosthenes ed. Pauly. VIII. Kl.: Platon's Apologie des Sokr. ed. Ludwig. Sophokl. ed. Witzschel.

Deutsch: Heyse's Sprachlehre. Mozart's Lesebücher. Weinhold's mittelhochdeutsches Lesebuch.

Böhmisch: Sokol. I.—III. Kl. In den übrigen Klassen Karlik's Sprachlehre. Lesebücher. Dr. Čupr. II. und III. Band. Jireček. I. Bd.

Geographie: Dr. Klun. Geschichte nach Pütz.

Mathematik: In allen Klassen Močnik's Lehrbücher.

Physik: Dr. Kunzek, sowohl im Unter- als Ober-Gymnasium.

Naturgeschichte: I. und II. Kl. Pokorny. III. und V. Kl. Mineralogie von Fellöcker. Botanik von Bill. VI. Kl. Zoologie von Oskar Schmidt.

Philosoph. Propädeutik: G. A. Lindner. Logik und Psychologie.

C. Verzeichniss

der von den Schülern des Ober-Gymnasium bearbeiteten Aufgaben.

a) Deutsche Aufgaben.

In der VIII. Klasse.

1. Herbstgedanken.
2. Schilderung der höchsten Kulturstufe, welche je von den Römern erreicht wurde.
3. Odysseus. Ein Charaktergemälde.
4. Unterschiede der Kulturzustände des Mittelalters und der Neuzeit.
5. Concordia parvae res crescunt, discordia magnae dilabuntur.
6. Was der Gebildete der Menschheit schuldet. Rede.
7. Agamemnon.
8. Welche Punkte sind bei einer historischen Betrachtung besonders zu beachten?
9. Römer und Germanen.

10. Einfluss der Dampfkraft auf die Entwickelung des menschlichen Lebens.

11. Können wir die homerischen Gedichte mit demselben Erfolge lesen, mit dem sie einst von Griechen gelesen wurden?

12. Entwickelung der Gedanken in Goethe's Epilog zu Schiller's Glocke.

13. Exkurs über Horazens Ode: „Ad Musam Melpomenem."

14. Exkurs über Goethe's Gedicht: „Die Seefahrt."

Nebst diesen Stoffen hatte jeder Schüler einen Stoff freier Wahl zu bearbeiten und das Elaborat in der Schule vorzulesen. Es kam allwöchentlich eine solche Lesung vor.

In der VII. Klasse.

1. Der Mensch im Kampfe mit der Natur.
2. Ein Gang über den Kirchhof.
3. Regia res est, succurrere lapsis.
4. Schicksale eines Hutes. (Selbstbiographie)
5. Ueber die Unmässigkeit.
6. Das sterbliche Geschlecht ist viel zu schwach, in ungewohnter Höhe nicht zu schwindeln. (Schiller.)
7. Europa's bewundernswerthe Ueberlegenheit über die andern Welttheile.
8. Eine Charakterzeichnung aus Göthe's Iphigenie in Tauris.
9. Dem wälschen Hahne macht sein Kropf,
   Dem Storch sein Langhals Freude,
   Der Kessel schilt den Ofentopf,
   Schwarz sind sie alle beide.
10. Der Gedanke an die Vergänglichkeit des Irdischen ist heilsam für ein weises Leben.
11. Monographie der Rose.
12. Über den Werth der Geschichte.
13. Aussicht aus meinem Fenster.
14. Zuruf an die erste wiederkehrende Lerche.
15. Schutzrede für eine Ruine, deren Abbruch beschlossen ist.
16. Die Glocke als Begleiterin des Menschen auf seinem Lebenswege.
17. Wer weiter Aussicht sich will freu'n,
    Darf des Kletterns Müh' nicht scheu'n.
18. Folgen der Entdeckungen.

In der VI. Klasse.

1. Über den Werth der menschlichen Seele, oder: Luft und Wasser. (Eine Paralelle.)

2. Über die Pietät gegen das Alter, oder: Der Landschullehrer. (Charaktergemälde.)

3. Die wunderbare Einrichtung des menschlichen Kopfes. (Schularbeit.)

4. Ante obitum nemo supremaque funera felix. (Abhandlung.)

5. Arbeit macht uns frohe Tage, Trägheit wird uns selbst zur Plage.

6. Das Begräbniss. (Beschreibung. Schularbeit.)

7. Wer Andern eine Grube gräbt, fällt selbst hinein. (Erzählung eigener Erfindung.)

8. Conscia mens recti famae mendacia ridet. (Abhandlung.)

9. Der Ackerbau, die Grundlage aller Kultur.

10. Über die Unsterblichkeit der Seele.

11. Ob der Mensch Herr dieser Erde sei?

12. Gedenke, o Mensch, dass du Staub bist, und wieder zu Staub und Asche werden wirst.

13. Schilderung eines Frühlingsmorgens.

14. Was ist von der Klage: „Man kann nicht auskommen" zu halten?

15. Gottes Wunder im Kleinen.

16. Von der Ehrfurcht, die man Gott geweihten Tempeln schuldet.

17. Ob den Menschen ein grösseres Mass von Freuden oder Leiden zugedacht ist?

18. Ob es mehr Böses als Gutes in der Welt gibt?

19. Nutzen der Bilder.

In der V. Klasse.

1. Über die Folgen der Unmässigkeit.

2. Über die Ursachen des Müssigganges.

3. Der Strom, von seiner Quelle bis zu seiner Mündung in den Ocean, ein treues Bild des Menschenlebens.

4. Die Kirche unter dem Bilde einer liebenden Mutter, oder: Das Gewissen unter dem Bilde eines Führers.

5. Belohnte Mildthätigkeit, eine moralische Erzählung nach dem Muster: „Bestrafte Hartherzigkeit" aus Falkmann's Stylistik.

6. Welcher Art sollen die Vorsätze sein, die der Studierende beim Beginne eines neuen Semesters fasst.

7. Anlass und Verlauf des Kampfes der Horatier und Curiatier — rei nach Livius.

8. Summarium der ersten 2 Akte aus Schiller's „Iphigenie in Aulis" oder Begrüssung des Frühlings.

9. Zwei Fabeln eigener Erfindung auf Grundlage von „Lessings" Abhandlung über die Fabel.

10. Noth lehrt beten — erzählende Form.
11. Der wahre Freund. Charakteristik.
12. Wodurch soll sich der Studierende vor dem gemeinen Manne auszeichnen.
13. Warum finden Romane bei der reifern Jugend oft so viel Anklag und welche Folgen hat häufig diese Lektüre?
14. Soll ich dir die Gegend zeigen,
 Musst du erst das Dach besteigen. Güthe.
15. Welchen Nutzen gewährt das praktische Studium der Naturgeschichte?
16. Böse Gesellschaft verdirbt gute Sitten.

b) *Böhmische Aufgaben.*

In der VIII. Klasse.

1. Reise des Papstes Leo III. nach Paderborn und Krönung Karls des Grossen in Rom, (v. Joh. Müller.)
2. Krönung des Kaisers Friedrich IV., (v. Jos. Chmel.)
3. Schluss.
4. Charakter Albrechts des Lahmen. (Schularbeit.)
5. Wie kam es, dass die Mongolen in so kurzer Zeit ein Weltreich gegründet haben? (Schularbeit.)
6. Krönung des Königs Rudolf I., (v. Lichnowsky.)
7. Schluss.
8. Die Gefangenschaft Johann v. Werth, (v. F. W. Barthold.)
9. Schluss.
10. Wer sich in die Gefahr begibt, kommt in ihr um. (Schularbeit.)
11. Die Calmarer Union (v. F. C. Dahlmann.)
12. Schluss.
13. Dienstfertigkeit bringt grossen Nutzen, (Schularbeit.)
14. Testament Ferdinands I. (v. Fried. Hurter.)
15. Schluss.
16. Das Reh und die Reben. (Schularbeit.)
17. Kaiser Albrecht, (v. J. F. Böhmer.)
18. Fortsetzung.
19. Schluss.

In der VII. Klasse.

1. Friedrich Barbarossas Tod und dessen Folgen, (v. Raumer.)
2. Schluss.
3. Warum ist die altslavische Mythologie so lückenhaft. (Schularbeit.)

4. Der Eislauf (v. Klopstock.)
5. Schluss.
6. Werth der homerischen Dichtungen. (Schularbeit.)
7. Braga (v. Klopstock.)
8. Schluss.
9. Der Tod — ein Opferaltar. (Schularbeit.)
10. Die Schildkröte und der Adler. (Schularbeit.)
11. Gewohnheit macht Alles leicht. (Schularbeit.)
12—22. Aufgabe aus Goethe's: „Wahl und Krönung Kaiser Josefs II. zu Frankfurt 1764."
23. Charakter des Cid. (Schularbeit.)

Alles Übrige nach dem Normal-Lehrplane.

III. Statistische Uebersicht der Schüler.

In der Gymnasial-Klasse	Waren am Schlusse des vorigen Schuljahres	Aus ihr sind in die höhere Klasse versetzt	Aus ihr sind abgegangen	In dieselbe sind aus der niederen Klasse vorsetzt	In dieselbe sind aufgenommen	Aus derselben sind abgegangen	Sind gegenwärtig	Katholiken	Israeliten	Schulgeld zahlende	Vom Schulgeld befreite
I.	49	50	19	—	55	19	55	46	7	44	9
II.	58	55	5	50	4	2	66	44	5	47	12
III.	51	27	4	55	5	1	57	48	9	19	18
IV.	41	50	11	27	1	—	58	52	6	46	12
V.	49 1 Priv.	16 1 Priv.	5	50	1	1	50	55	8	19	11
VI.	48	46	2	46 1 Priv.	1	—	17 1 Priv.	14 1 Priv.	5	8	10
VII.	66	46	2	46	2	1	17	47	—	5	12
VIII.	25	20	—	20	5	1	66	48	5	12	10
Summa	241 1 Priv.	172 1 Priv.	46	172 1 Priv.	60	8	255 1 Priv.	191 1 Priv.	44	140 *)	94

*) Summe des Schulgeldes = 1886 fl. öst. Währ.

Ausweis
über die an der Lehranstalt im Schuljahre 1864 studierenden Stiftlinge

Schulklasse	Gesammtzahl der Schüler	Zahl der mit Stiftungen betheilten Schüler	NAME des Stiftlings	NAME der Stiftung und Jahresgebühr	Jahr, Monat, Tag und Zahl der Verleihung	
VIII.	23	6	Bröckl Adrian	Padtpusch 74 fl.	1862, 23. Mai Z. 23906 k. k. Statth	
			Pecher Ignaz	v. Clement. 66 „	1860, 6. Nov. „ 52793	--
			Plahl Johann	Neuhaus . 74 „	1862, 11. Febr. „ 6965	—
			Pleyer Josef	v. Clement. 66 „	1858, 8. März „ 9009	—
			Puhl Alfred	Lobkowitz. 60 „	1858, 20. April „ 18185	—
			Riedl Moriz	v. Clement. 66 „	1857, 24. Aug. „ 35940	—
VII.	17	2	Knaf Friedrich	Lobkowitz. 60 „	1862, 11. März „ 9184	—
			Pech Josef	Merlin. . . 42 „	1857, 15. Nov. „ 56024	—
VI.	18	4	Langer Alois	Lobkowitz. 60 „	1862, 11. März „ 9184	—
			Lorenz Franz	Lobkowitz. 60 „	1862, 11. März „ 9184	—
			Plahl Moriz	Jicin. . . 80 „	1862, 11. Dez. „ 65122	—
			Tschepper Karl	Gnadt. . . 84 „	1862, 17. Sept. „ 48725	—
V.	30	6	Eberle Florian	v. Clement. 66 „	1862, 10. Dez. „ 65221	--
			Hanf Josef	v. Clement. 66 „	1864, 18. Febr. „ 10842	—
			Meier Josef	Schupp. . 120 „	1863, 23. Juni „ 36201	—
			Mende Albin	Padtpusch 74 „	1862, 9. Febr. „ 6685	—
			Mlady Josef	v. Clement. 66 „	1862, 10. Nov. „ 60526	--
			Neumann Josef	Lobkowitz. 60 „	1862, 22. Juli „ 35431	—
IV.	28	3	Reglsperger Max	v Clement. 66 „	1862, 27. Juni „ 34678	—
			Schindler Alois	Armenstiftung 157 fl. 50 kr.	1861, 30. Dez. „ 67331	—
			Stamm Emil	Lobkowitz. 60 fl.	1862, 28. Okt. „ 55860	—
III.	37	6	Jeschke Josef	Ferdinand. 120 „	1862, 1. Nov. „ 58317	—
			Keitzl Peter	Lobkowitz. 60 „	1862, 22. Juli „ 35451	—
			Knaf Karl	Schmid. . . 90 „	1863, 4. Sept. „ 52123	—
			Kraus Anton	Wittig v. Streitfeld 120 fl.	1863, 18. Mai „ 28761	—
			Schönfelder Karl	v. Clement 66 „	1862, 1. Okt. „ 60736	—
			Stamm Adolf	Lobkowitz. 60 „	1863, 6. Nov. „ 64790	—
II.	29	1	Schlosser Josef	Lobkowitz. 60 „	1863, 6. Nov. „ 64790	—

Anzahl d. Stiftl.: 28. Gesammtbetrag der Jahresgebühren: 2103 fl 50 kr. ö. W.

IV. Die Lehrmittel.

Zur Vermehrung der Lehrmittelsammlungen standen dem Lehrkörper zu Gebote:

1. Der jährl. Betrag aus den städtischen Renten . . .	210 fl.	— kr.
2. Die Aufnahmstaxen	119 „	70 „
3. Lesegelder der Schüler	40 „	10 „
4. Beiträge der Stadtrenten und der Schüler f. d. Programm	54 „	— „
Zusammen . . .	423 „	80 „

Hievon wurden verwendet:

A. für das physikalische Kabinet	100 fl.	— kr.
B. für das naturhistorische Kabinet	25 „	— „
C. für die Lehrer-Bibliothek	105 „	70 „
D. für die Schüler-Bibliothek	64 „	10 „
E. für Schul- und Kanzlei-Requisiten	25 „	— „
F. für Drucklegung des Programmes	90 „	— „
G auf Einbände	14 „	— „
Zusammen . . .	423 fl.	80 kr.

A. Stand des physikalischen Kabinets.

Am Schlusse des Schuljahres 1863 waren vorhanden 450 Nummern von Apparaten, Instrumenten, chemischen Geräthschaften u. s. w. Im Schuljahre 1864 sind hinzugekommen:

Durch Ankauf: 1 Schreibtelegraf mit Relais . . . . . (25 fl.)
                1 Reversionspendel . . . . (24 fl.)
                1 Ampèresches Gestell . . . . . . (15 fl.)
                1 Henley'scher Auslader . . . . . . (8 fl.)

1 Thermophon, 1 Döbereiner'sche Zündmaschine, 1 Gasrecipient mit Hahn, färbige Glastafeln in Holzrahmen, Wagschalen, Glasplatten u. s. w.

B. Stand des Naturalien-Kabinets.

Am Schlusse des vorigen Schuljahres waren an Naturgegenständen vorhanden:

        Zoologie .   2000 Objekte.
        Botanik .   1902 „
        Mineralogie . 1900 „

Dazu kamen im Laufe des gegenwärtigen Schuljahres:
Durch Schenkung: 1 Bussard und 1 Elster vom Hrn. Hauptmann Klein.
1 Schneegeier vom Hrn. Suffa.
1 Blaukehlchen vom Stud. Jos. John.
12 Stück Mineralien vom k. k. Hrn. Berghauptmann Jeschke.
20 „ „ vom Hrn. Schönfelder in Joachimsthal.
Durch Ankauf: 1 Hase, 1 Ringeltaube, 10 Stück Mineralien.
(Eine Baarschaft von 21 fl. öst. W. steht noch zur Verfügung.)

Bibliothek.

C. Die Lehrer - Bibliothek zählte am Schlusse des vorigen Schuljahres . . . . 1385 Werke in 3142 Bänden.

Dazu kamen: a) durch Ankauf *) 21 „ „ 41 „
b) durch Schenkung **) 4 „ „ 4 „

Gegenwärtiger Stand: 1410 Werke in 3187 Bänden.

D. Die Schüler - Bibliothek zählte am Schlusse des vorigen Schuljahres . . . . 753 Stück in 2089 Bänden und 5 Lief.

Dazu kamen durch Kauf ***) . 14 „ „ 28 „ „ 3 „

7 Bände wurden als unbrauchbar ausgeschieden.

Gegenwärtiger Stand: 760 Stück in 2110 Bänden und 8 Lief.

ANMERKUNG. Ausgeliehen wurden im Laufe des Schuljahres im Ganzen 2400 Bände.

---

*) Unter diesen: Acta & decreta Conc. Prag. — Weidmann. Klassiker Ausg.: Cic. op. philos. — Sallust.. — Ovid. Metam. — Euripides — Herodot 8. 9. B. — Plutarch. — Demosthenes v. Rehdantz. — Hom. Odys. von Düntzer. — Schultz lateinische Synonymik, 5. Aufl. — Thukydides. — Corssen latein. Formenlehre. Curtius Erläuterungen zur griech. Grammatik. — Sanders deutsches Wörterbuch. 28 Lief. — Petermann's Mittheilungen. — Gibbon's Geschichte. 12 Bde. — Drobisch Logik, nebst vielen Fortsetzungen und Zeitschriften.

**) Von der k. k. Direktion der Statistik: Tafeln zur Statistik. Neue Folge. II. Bd. Die J. 1852—1854 umfassend. — Industrie-Statistik der österreich. Monarchie f. d. J. 1857. — Von der k. k. geolog. Reichsanstalt: Jahrb. 1863. 1864. Nr. 1. — Von der Teubner'schen Buchhandlung in Leipzig: Heinichen latein.-deutsch. Schulwörterbuch.

***) Unter diesen: Kerschbaumer, Pilgerbriefe. — Körner, die Natur im Dienste des Menschen. — Mikovec, Alterthümer. II. 3—5. — Overhage, Erzählungen. 2 Bde. — Bodenstedt, Völker des Kaukasus. — Bumüller, Weltgeschichte. — Bilder aus Oesterreich. 4 Bde. — Schlimpert, Vorbilder. 2 Bde. — Oppel, Egypten. — Strahl, die Wasserwelt. — Kane, Reise. — Wagner, Botanik. 2 Bde. — Anacharsis des Jüngeren Reise. 7 Bde. u. s. w.

E. Geographische Lehrmittel.

Gegenwärtiger Bestand:
1. Wandkarten 56.
2. Atlanten 15.
3. Globen: 1 Erd-, 1 Himmels-, 1 Graphit-Globus.
4. Tellurien 2.
5. Reliefkarten 5.

F. Münzsammlung.

Enthält 1825 Silber- und Kupfer-Münzen.

Wichtigere, das Gymnasial-Studienwesen betreffende Erlässe der hoh. k. k. Unterrichtsbehörden seit dem 1. August 1865.

1. Kühner's griech. Elementar-Grammatik, 22. Aufl., wird für den Schulgebrauch als zulässig erklärt. K. k. Staats-Min. 25. Aug. 1865, Z. 8879 C. U.
2. Der Lehrgebrauch des 2. B. von Dr. Ant. Gindely's Lehrb. der allgem. Geschichte für Ober-Gymn. unterliegt keinem Anstande. Staats-Min. 13. Sept. 9162 C. U.
3. W. Kukula's Leitfaden der Naturgeschichte des Thierreiches für die unteren Klassen der Mittelschulen wird als allgemein zulässig erklärt. Staats-Min. 5. Nov., Z. 11843.
4. Absolvirte Gymnasialschüler, welche die Maturitätsprüfung mit gutem Erfolge bestanden haben, können als k. k. Praktikanten bei der Verpflegsbranche Aufnahme finden. Statth.-Erl. 13. März 1864, Z. 12998.
5. Der Einführung der 5. Aufl. von Dr. Innoc. Frenzl's Liturgik in deutscher Sprache steht nichts im Wege. Staats-Min. 4. März, 1975 C. U.

Fortsetzung der Schulchronik.
Vom 22. Juli 1863—15. Juli 1864.

1. Am 30. Juli 1863 fand die Schlussfeier des Schuljahres im Stadthause statt; sie bildete einen Theil der Gerstner-Feier, die an diesem Tage von der komotauer Stadtgemeinde durch die feierliche Enthüllung einer am Geburtshause Gerstner's *) errichteten Gedenktafel begangen wurde. Die Schlussrede des Direktors enthielt eine Biographie des Gefeierten; die Danksagung sprach der Schüler der 8. Klasse Karl Etterich.

2. Das Schuljahr 1863/64 wurde am 1. Oktober mit dem vom bischöfl. Religionscommissär H. Canonicus Herzum celebrirten h. Geistamte eröffnet, worauf derselbe nach Vorlesung des Disciplinar-Gesetzes von dem Direktor die studierende Jugend mit eindringlichen Worten aufmerksam machte, welche Plätze sie meiden und welche sie aufsuchen soll.

3. Im Lehrkörper fanden folgende Veränderungen statt: Die durch die Beförderung des wirklichen Lehrers P. Ildefons Nitsch zum Pfarrer in Klostergrab erledigte Katechetenstelle am Unt.-Gymn. wurde noch während der Ferienzeit von Sr. Hochw. dem Hrn. Abte des Stiftes Ossegg dem Stiftspriester P. Alfons Köhler übertragen. — Am 13. Novemb. ging mit Genehmigung des p. t. Herrn Gymnasial-Inspektors der suppl. Lehrer Friedrich Dworžak an das k. k. Staatsgymnasium in Troppau ab und an seine Stelle trat am 15. desselben Monats der Gymnasiallehramts-Kandidat Josef Bittner.

4. Am 6. Nov. wurde die hohen Ortes genehmigte Erhöhung des Schulgeldes von 8 fl. 40 kr. auf 12 fl. 60 kr. Oe. W. vom löbl. Gemeindeausschuss auch für das hiesige Gymnasium beschlossen und der Mehrbetrag zur Aufbesserung der Dotation des Gymnasial-Lehrkörpers bestimmt.

---

*) Franz Josef Ritter von Gerstner wurde am 23. Feber 1756 zu Komotau geboren, studierte am dortigen Jesuiten-Gymnasium 1767—1772, an der Prager Universität 1773—1777, wurde 1779 Ingenieur bei der Robot-Abolitions-Hofcommission, 1784 Adjunct an der Prager Sternwarte, 1789 Professor der höheren Mathematik an der Prager Universität, 1804 Direktor der physisch-mathemat. Studien, 1806 Direktor des nach seinem Plane eingerichteten polytechnischen Institutes in Prag und zugleich Professor der Mechanik und Hydraulik an demselben Institute. 1808 wurde er durch den Leopoldorden ausgezeichnet, 1810 in den erblichen Ritterstand erhoben, 1811 zum Wasserbau-Direktor in Böhmen und 1822 zum k. k. Gubernialrath ernannt. Unter seiner Oberaufsicht wurde die erste Eisenbahn auf dem Continente von Budweis nach Linz begonnen und vollendet. — Er starb am 5. Juni 1832 zu Mladejov bei Jičin.

5. Am 15. Nov. nahm der Turnunterricht im grossen Saale des Stadthauses, den der löbl. Stadtrath zu diesem Zwecke zur Verfügung stellte, wieder seinen Anfang und wurde daselbst bis zum Eintritt der milden Witterung im Frühjahre fortgesetzt. Die Oberleitung übernahm in gewohnter zuvorkommender Weise Herr J. U. Dr. Franz Peter. Für Anschaffung und Ausbesserung der Apparate und für Bestreitung anderer nothwendiger Auslagen mussten die Turnschüler einen monatlichen Beitrag von 10 kr. Oe. W. leisten; Mittellosen wurde auch dieser erlassen.*)

6. Am 28. Feber fand zum Besten des vom F. M. L. Freih. von Gablenz begründeten Unterstützungsfondes für die Witwen und Waisen der in Schleswig Gefallenen eine öffentliche Gesangs- und Deklamations-Produktion der Gymnasialschüler statt, die der Direktor durch eine die Waffenthaten der k. k. österreichischen Truppen feiernde Rede einleitete. Der Reinertrag belief sich auf 110 fl. Öe. W., welche Summe sofort dem k. k. Statthalterei-Präsidium mit der Bitte zugesendet wurde, dieselbe ihrer Widmung zuzuführen.

7. Am 20. April kam der k. k. Schulrath Dr. Jos. Köhler auf seiner Inspektionsreise von Eger hier an, und unterzog die Lehranstalt bis zum 27. d. M. einer eingehenden Revision.

8. Vom 13.—16. Juni fanden die schriftlichen Maturitätsprüfungen statt, an welchen 20 Schüler der hiesigen Lehranstalt und 3 Extranei theilnahmen. Die mündliche Prüfung wird noch im Laufe des Monates Juli abgehalten werden.

9. Am 18. Juni wurde unter der Führung des Direktors und einiger Professoren ein gemeinsamer Spaziergang der Schüler aller Klassen nach dem 3 Stunden entfernten Schlosse Eisenberg unternommen. Der Tag verlief ohne die geringste Störung zu allgemeiner Befriedigung.

---

*) Der Rechnungsabschluss der Turnanstalt im vorigen Jahre stellte (nach Abschlag des am 21. Juli noch nicht gezahlten Pachtgeldes), das nicht 35 fl., sondern blos 29 fl. 32 kr. betrug ein Deficit von . . . . 32 fl. 45 kr. heraus.

Dazu kamen seit 21. Juli 1863 folgende Auslagen:

Für die Jahn-Büste	9 fl.	5 kr.
Pachtgeld	29 „	52 „
Für Reparatur der Apparate	12 „	76 „
Summe der Auslagen . . .	83 fl.	58 kr.

Einnahmen vom 21. Juli 1863 bis 13. Juli 1864:

Reinertrag eines Balles	15 fl.	40 kr.
Beiträge der Schüler	56 „	10 „
Zusammen . . .	71 fl.	50 kr.

10. Der ruhige Gang des Unterrichtes wurde zwar dreimal durch die Erkrankung der Lehrer M. Winkler (Anfangs Mai) und J. Taft (in der 2. Hälfte des M. Mai) und durch die Reise des Lehrers Ig. Mašek zur Ablegung einer Staatsprüfung (im M. Juni) unterbrochen; doch währten diese Unterbrechungen immer nur kürzere Zeit, und der Lehrkörper war bemüht, durch bereitwillige Übernahme der Vertretung die Folgen dieser Störungen nach Kräften unschädlich zu machen.

11. Der Kassastand der Krankenbettstiftung erlitt in diesem Jahre keine Veränderung. (147 fl. 37 kr.)

KOMOTAU am 15. Juli 1864.

Verzeichniss
der Schüler des Komotauer Gymnasiums im Schuljahre 1864.

Namen	Geburtsort	Namen	Geburtsort
VIII. Gymnasial-Klasse.		Maier Josef.	Levanitz.
		Nadler Wenzl.	Pobitz.
Bröckl Adrian.	Komotau.	Pech Josef.	Eidlitz.
Eberl Hermann.	Tschirmich.	Pröckl Franz.	Brunnersdorf.
Feiler Hermann.	Komotau.	* Roth Sigismund.	Kaaden.
Frank Karl.	Trupschitz.	Sacher Franz.	Ranzengrün.
Glaser Israel.	Eidlitz.	Schuster Franz.	Reischdorf.
Kann Karl.	—	Stocklöw August.	Pürstein.
Knižaček Wilhelm	Königinhof.	Strunz Lorenz.	Mühlbach
Kutschera Victor.	Smichow.	Tichy Johann.	Zwirschen.
Oesterreicher Tob.	Eidlitz.	18. Wenisch Ferdin.	Radonitz.
Pecher Ignaz.	Radonitz.		
Pfitzner Ernest.	Graupen.	**VI. Gymnasial-Klasse.**	
Plahl Johann.	Lauterbach.	Ammer Max.	Deutschbrod.
Pleyer Josef.	Prag.	Fleischer Moses.	Eidlitz.
Puhl Alfred.	Komotau.	Hauptvogel Karl.	Schichof.
Riedl Moriz.	Olizhaus.	Klatovsky Anton.	Tschern.
Schreiter Franz.	Komotau.	Klausnitzer Franz.	Hondorf.
Schrutek Josef.	Giesshübel.	Kugler Julius.	Oberklee.
* Sikula Anton.	Horžan.	Langer Alois.	Kralup.
Suffa Josef.	Komotau.	Lorenz Franz.	Komotau.
Thomas Rudolf.	Binsdorf.	Maschek Josef.	Hohenmauth.
Toischer Engelb.	Pobitz.	Plahl Moriz.	Lauterbach.
Vávra Georg.	Kloster.	Raffler Wenzl.	Bielenz.
23. Waara Anton.	Oberklee.	Riess Ernest.	Eidlitz.
		Smettana Edmund.	Skyrl.
VII. Gymnasial-Klasse.		Stonitsch Eduard.	Komotau.
Dumml Rudolf.	Liebshausen.	Taussig Karl.	Postelberg.
Fassl Franz.	Komotau.	Tschepper Karl.	Binsdert.
Hübler Franz.	Komotau.	Urban von Urban-	Pisek.
Jank Anton.	Pauten.	städt Friedrich.	
Knaf Friedrich.	Komotau.	Privatist:	
Lehmann Anton.	Imling.	18. Wolkenstein Graf	Teplitz.
Löw Cornelius.	Komotau.	Engelhart von.	

ANMERKUNG. Die mit * Bezeichneten sind im Laufe des Schuljahres abgegangen.

Namen	Geburtsort	Namen	Geburtsort
V. Gymnasial-Klasse.		Hönl Josef.	Trauschkowitz
		Iser Florian.	Pressnitz.
Baecker Joachim.	Eidlitz.	John Josef.	Komotau.
Bayer Josef.	Hennersdorf.	Kahn Adolf.	Kožow.
Balling Eduard.	Krumau.	Klinger Josef.	Neudorf.
Eberle Florian.	Pressnitz.	Kohn Heinrich.	Kassegowitz.
Fischer Franz.	Komotau.	Kohn Karl.	Eidlitz.
Fleischer Eduard.	Eidlitz.	Kratzmann Viktor.	Teplitz.
Glaser Ignaz.	Hořenz.	Kuttner Franz.	Komotau.
Grimmeisen Josef.	Budweis.	Nittner Franz.	Pressnitz.
Hanf Josef.	Maschau.	Nowotny Josef.	Hostoun.
Herles Ferdinand.	Komotau.	Pergamenter Ign.	Lischwitz
Hersch Wilhelm.	Weitentrebet.	Pollak Gerson.	Bielenz.
Herschmann Karl	Eidlitz.	Rauscher Eman.	Joachimsthal.
Kirchenberger Sal.	Eidlitz.	Reglsperger Max.	Kaaden.
Knaf Hermann.	Komotau.	Ridlo Karl.	Komotau.
Langstein Hugo.	Postelberg.	Schindler Alois.	Hauenstein.
Maschka Willibald	Komotau.	Schöffl Karl.	Trnowan.
Meier Josef.	Kaaden.	Sobitschka Rob.	Schalatka.
Mende Albin.	Janegg.	Stamm Emil.	Pressnitz.
Mlady Josef.	Lubenz.	Strohschneider J.	Priesen.
Mlady Karl.	Neusattel.	Strubl Franz.	Trauschkowitz
Neumann Josef.	Tschoschl.	Veidl Anselm.	Ossegg.
Olbert Julius.	Komotau.	28. Weber Adolf.	Eidlitz.
Plath Alois.	Kaaden.		
Rohrer Anton.	Welchau.	**III. Gymnasial-Klasse.**	
Soboll Franz.	Komotau.	Bernhard Clemens.	Haan.
Springer Anton.	Seestadtl.	Brandeis Leopold.	Praskoles.
Strubl Franz.	Sebastiansb.	Fleischer Wilh.	Eidlitz.
Taussig Adolf.	Postelberg.	Flusser Heinrich.	Pokau.
Thüm Bernhard.	Sebastiansb.	Fürst Josef.	Rothenhaus.
* Walter Johann.	Budweis.	Glaser Heinrich.	Eidlitz.
31. Wolf Hugo.	Komotau.	Hahn Franz.	Pressnitz.
		Hamann Franz.	Weitentrebet.
IV. Gymnasial-Klasse.		Hauptmann Ed.	Kralup.
Abeles Eduard.	Hochlibin.	Herglotz Josef.	Göttersdorf.
Deml Adolf.	Komotau.	Herr Franz.	Tuschmitz.
Friedl Karl.	Schluckenau.	Jeschke Josef.	Pilsen.
Hoffmann Johann.	Pürstein.	Keitzl Peter.	Komotau.

Namen	Geburtsort	Namen	Geburtsort
Kerl Hugo.	Platten.	Kohn Adam.	Hrischkow.
Knaf Karl.	Komotau.	Kompert Alfred.	Eidlitz.
Körbl Hugo.	Mohr.	Lindner Karl.	Michanitz.
Köstler Adolf.	Eidlitz.	Löw Adolf.	Welchau.
Kohn Friedrich.	Kassegowitz.	Meder Anton.	Burgstadtl.
Kraus Anton.	Görkau.	* Mohr Franz.	Schönwald.
Kraus Eduard.	Przesau.	Ottenweller Karl.	Prag.
Krupka Fridolin.	Komotau.	Pöschl Anton.	Milsau.
Löwy Moriz.	Eidlitz.	Roscher Otto.	Sebastiansb.
Müller Raphael.	Eidlitz.	Runtsch Josef.	Radonitz.
Neuber Eduard.	Neudorf.	Schiller Jonas.	Eidlitz.
Neumann Franz.	Trauschkowitz	Schlosser Josef.	Oberdorf.
Pollak Josef.	Unterroczow.	Schönfels Franz.	Sonnenberg.
Porstendörfer Ad.	Trupschitz.	Seidler Alexander.	Grosscakowic.
Sachers Karl.	Komotau.	Soboll Anton.	Komotau.
Schiefer Anton.	Brüx.	Spiegel Arthur.	Leitmeritz.
Schönfelder Karl.	Joachimsthal.	Wagner Anton.	Komotau.
Scholz Heinrich.	Ossegg.	31. Zöpnek Ferdinand.	Komotau.
Schreiter Karl.	Komotau.		
Stamm Adolf	Sebastiansb.	I. Gymnasial-Klasse.	
Steiner August.	Pressnitz.	Albel Wenzl.	Komotau.
Theumer Kamill.	Komotau.	Bittersmann Adolf.	Kaaden.
Willmitzer Franz.	Tschachwitz.	Bittersmann Franz.	Kaaden.
37. Wojaczek Moriz.	Sauersack.	Bodenstein Franz.	Milsau.
		Bröckl Anton.	Komotau.
II. Gymnasial-Klasse.		Bröckl Franz.	Komotau.
Bayer Wilhelm.	Schössl.	Deml Ferdinand.	Komotau.
Bretfeld Wenzl.	Türmaul.	Flusser Josef.	Teplitz.
Dienl Moriz.	Komotau.	Gaudl Josef.	Komotau.
Dittrich Hermann.	Rachel.	Gerstendörfer Jos.	Mühlbach.
Dohnálek Kamill.	Rochlitz.	Göschka Eduard.	Komotau.
Gamperle Herm.	Michanitz.	* Griessl Eduard.	Pressnitz.
Gottschalk Peter.	Laun.	Hanl Leonard.	Pirken.
Hacker Anton.	Komotau.	Hassmann Josef.	Komotau.
* Hanl Karl.	Komotau.	Haudek Vincenz.	Komotau.
Hocke Josef.	Komotau.	Hauptmann Josef.	Mies.
Hollitzer Anton.	Oberdorf.	Hochelber Adalb.	Komotau.
Hussnik August.	Laun.	Köhler Josef	Landek.
Kirchenberger Sal.	Eidlitz.	Köstler Adalbert.	Meretitz.

Namen	Geburtsort	Namen	Geburtsort
Kuhn Josef.	Pressnitz.	Sachers Anton.	Komotau.
Kühnl Josef.	Teschnitz.	Schreiber Franz.	Udwitz.
Löffler Franz.	Woslowitz.	Schreiter Robert.	Komotau.
Lorenz Josef.	Eidlitz.	Schubert Karl.	Eidlitz.
Löwy Bernard.	Bielenz.	Schwarzenfeld Karl, Ritter von.	Steinwasser.
Löwy Josef.	Eidlitz.		
Ludwig Franz.	Oberdorf.	Segert Heinrich.	Brunnersdorf.
Marterer Rudolf.	Königshof.	Taud Josef.	Komotau.
Michanikl Josef.	Weinern.	Theumer Emil.	Komotau.
Müller Alois.	Engelhaus.	Tietz Adolf.	Komotau.
Neuber Franz.	Wies.	Tupec Theodor.	Fugau.
Palitschek v. Palmforst Anton.	Prag.	Veidl Anton.	Aussig.
		Wagner Karl.	Eidlitz.
Pilz Josef.	Kalich.	Weis Josef.	Komotau.
Plahl Josef.	Tachau.	Wohl Julius.	
Remtisch Franz.	Kalich.	Wohl Wilhelm.	
Ritter Friedrich.	Püsswitz.	Wohlrab Franz.	Pressnitz.
Ritter Ludwig.	Püsswitz.	Zahn Karl.	Eidlitz.
* Rosenzweig Moriz.	Agram	55. Zöpnek Benno.	Komotau.

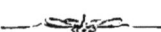